처음 시작하는 인형옷 패턴 교과서 2

스커트와 팬츠, 하의 패턴의
기본과 응용, 입체 재단까지!

| 아라키 사와코 지음 · 고현정 옮김 |

라의눈

처음 시작하는
인형옷 패턴 교과서 2

저자
아라키 사와코

제작 협력
야마자키 나나

디자인
다나카 아사코

촬영
다마이 히사요시 · 가츠라 타카노리

편집
스즈키 요코

협력
㈜보크스/ ㈜연금술공방/ ㈜오비츠 제작소
㈜세키구치/ ㈜펫웍스 돌 사업부
㈜다카라토미/ ㈜클로스 월드 커넥션
㈜아존 인터내셔널/ ㈜그루비
Tonner Doll Company/ 유한회사 스튜디오 우

ドールソーイング BOOK 型紙の教科書 -スカート・パンツ-

Copyright©Sawako Araki 2017/HOBBY JAPAN All rights reserved.
Original Japanes edition published by HOBBY JAPAN CO.,Ltd
Korean edition copyright©2017 by Eye of Ra Publishing Co.,Ltd
This Koreans edition is published by arrangement with HOBBY JAPAN CO.,Ltd., through AMO AGENCY, Seoul. Korea.

이 책의 한국어판 저작권은 AMO 에이전시를 통해 저작권자와 독점 계약한 라의눈에 있습니다. 저작권법에 의해 한국 내에서 보호를 받는 저작물이므로 무단 전재와 무단 복제를 금합니다.

사진 : 토르소 제작 협력/ ㈜케이야

CONTENTS

패턴 만들기 전에 **이 책의 사용 방법** ……………………………… 4

Chapter 1.   스커트를 만들자! ……………………………… 6
Chapter 2.   밑단이 퍼지는 스커트 ……………………… 18
Chapter 3.   바디 라인을 살리는 스커트 ……………… 32
Chapter 4.   다양한 종류의 스커트 …………………… 41
Chapter 5.   팬츠 패턴 만들기 …………………………… 52
Chapter 6.   무릎 아래 어레인지 ………………………… 61
Chapter 7.   팬츠 패턴 잘라 펼치기 …………………… 66
Chapter 8.   트임과 시접 …………………………………… 73
Chapter 9.   팬츠 패턴 30종 ……………………………… 78

특별부록 패턴 30종(실물 크기) ……………………………… 89

"프릴"
인형옷 만들기 초보자 토끼 씨

"퍼프"
인형옷 만들기 마스터 고양이 선생님

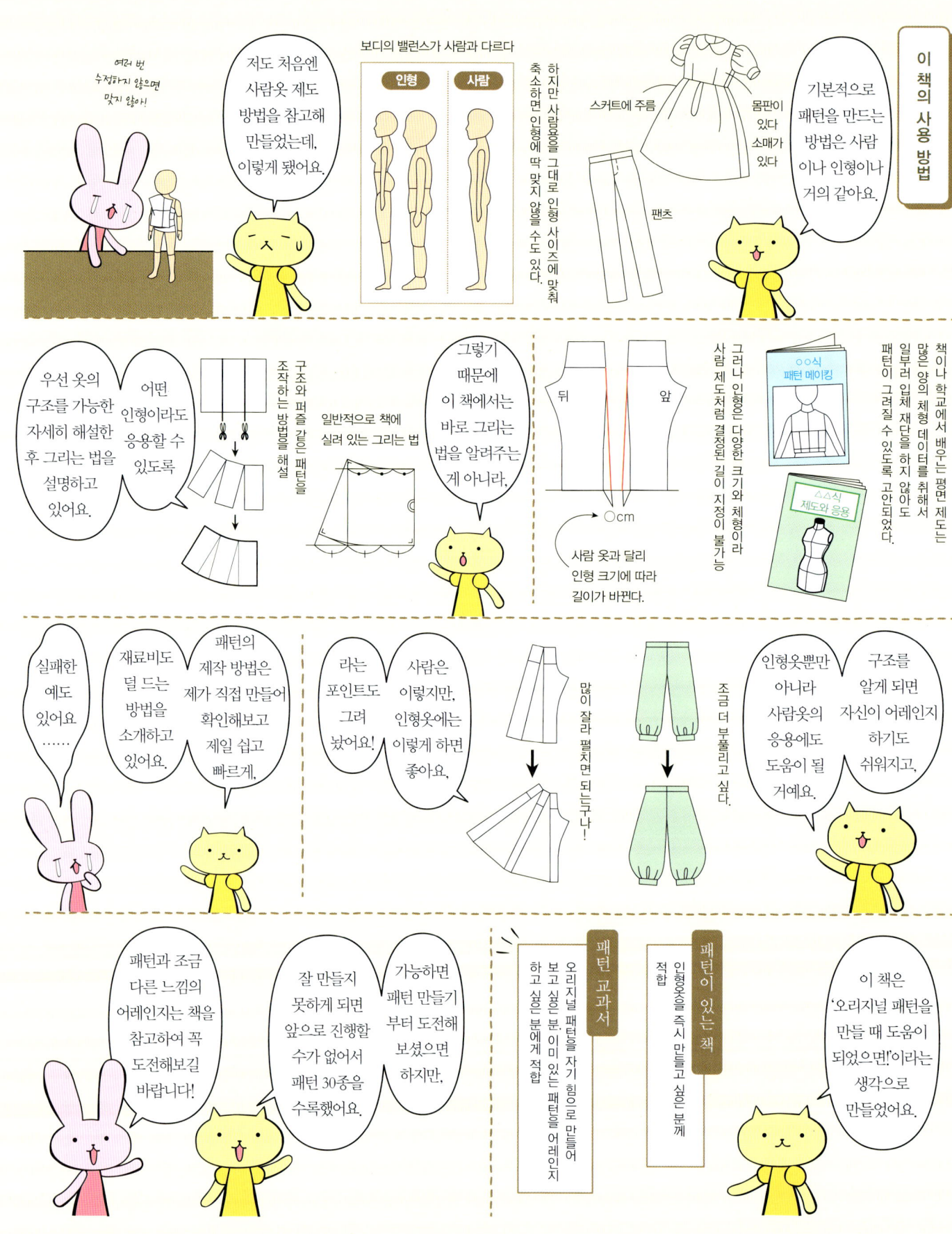

Chapter 1.

스커트를 만들자!
— SKIRT I —

> 기초, 기본~
> 사각 천으로 만드는
> 스커트입니다!

Chapter 1. 스커트를 만들자!

직사각형 패턴의 스커트

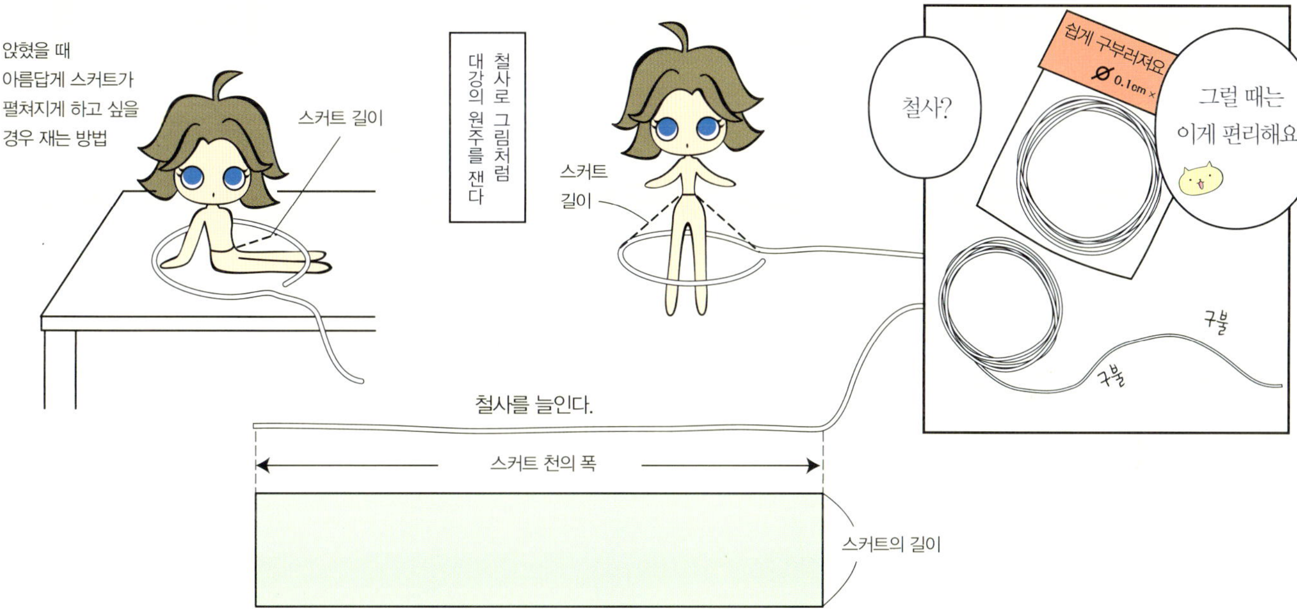

흠. 천의 너비를 어느 정도로 하면 좋을지 알기 어려울 수도 있겠네.

하지만 예전에 만들었을 때 이렇게…

좀 더 퍼지는 느낌으로 만들고 싶었어.

초보자는 우선 이 스커트를 만들어보세요.

앉았을 때 아름답게 스커트가 펼쳐지게 하고 싶을 경우 재는 방법

스커트 길이

철사로 그림처럼 대강의 원주를 잰다

스커트 길이

철사?

쉽게 구부러져요 Ø 0.1cm ×

그럴 때는 이게 편리해요.

구불
구불

철사를 늘인다.

스커트 천의 폭

스커트의 길이

주름의 양에 따라 스커트의 길이가 다소 차이날 수 있으니 주의!

같은 길이

차이가 난다.

시접을 주는 방법

허리선의 시접

인형의 크기나 고무줄 두께로 조절

밑단의 시접

마찬가지로 인형의 크기나 처리 방법에 따라 바뀐다.

7

Chapter 1. 스커트를 만들자!

직사각형 주름 스케일 만드는 법

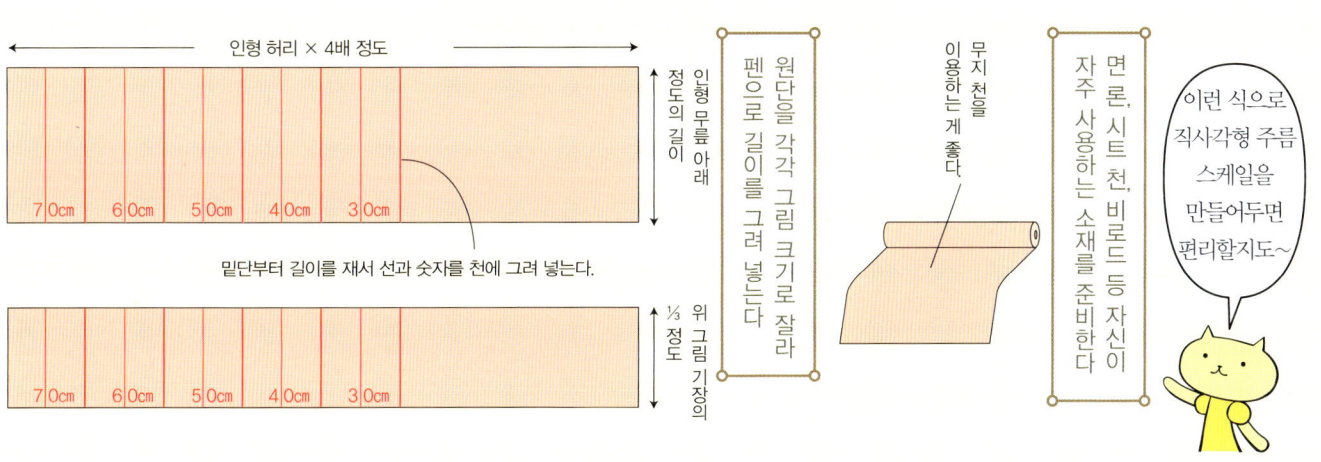

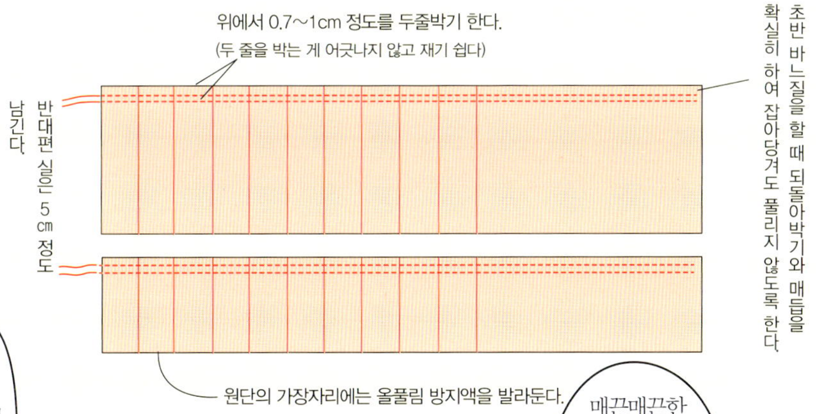

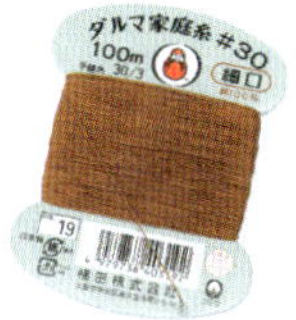

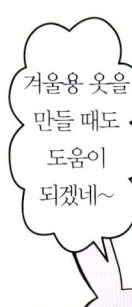

- 겨울용 옷을 만들 때도 도움이 되겠네~
- 트윌, 코듀로이, 울 등의 두께가 있는 원단으로도 만들어두면 편리해요.
- 소재에 따라 주름의 두께도 변하기 때문에 여유가 있다면 만일을 위해
- 또 다른 한 장으로 2단 스커트나 밑단 프릴 등의 분량을 잰다.
- 실을 당겨서 주름을 잡고 실제 바디에 대보고 원하는 주름 분량을 헤아려보자
- 짧게 하고 싶을 때는 가볍게 접어 대강의 길이를 확인한다.

사이즈, 소재별 낙하산처럼 되지 않는 퍼지는 스커트

육일돌 (브라이스 등) — 30cm
40cm 인형 (MSD 등) — 60cm
60cm 인형 (SD 여자아이 등) — 80cm

얇은 천(면 론) 사용

- 주름이 잔뜩이라도 낙하산처럼 되지 않는 분량의 기준이에요.
- 스커트의 길이나 허리 사이즈에 따라 다소 분량이 다르기 때문에 대략의 기준으로만 참고하세요!

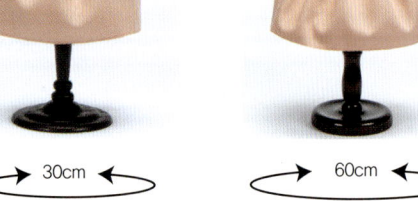

육일돌 (브라이스 등) — 30cm
40cm 인형 (MSD 등) — 60cm
60cm 인형 (SD 여자아이 등) — 80cm

중간 두께의 천(코튼 트윌) 사용

직사각형 패턴 주름 밀도 · 퍼짐 비교표

소재별 주름 비교표 ※거의 실물 크기

코튼 트윌 사용

1.5배 주름

1.8배 주름

2배 주름

면 론 사용

1.5배 주름

1.8배 주름

2배 주름

사진에 파츠를 대보면 주름 분량의 기준이 된다

밑단 프릴을 어느 정도로 할까 고민될 때 참고하세요~

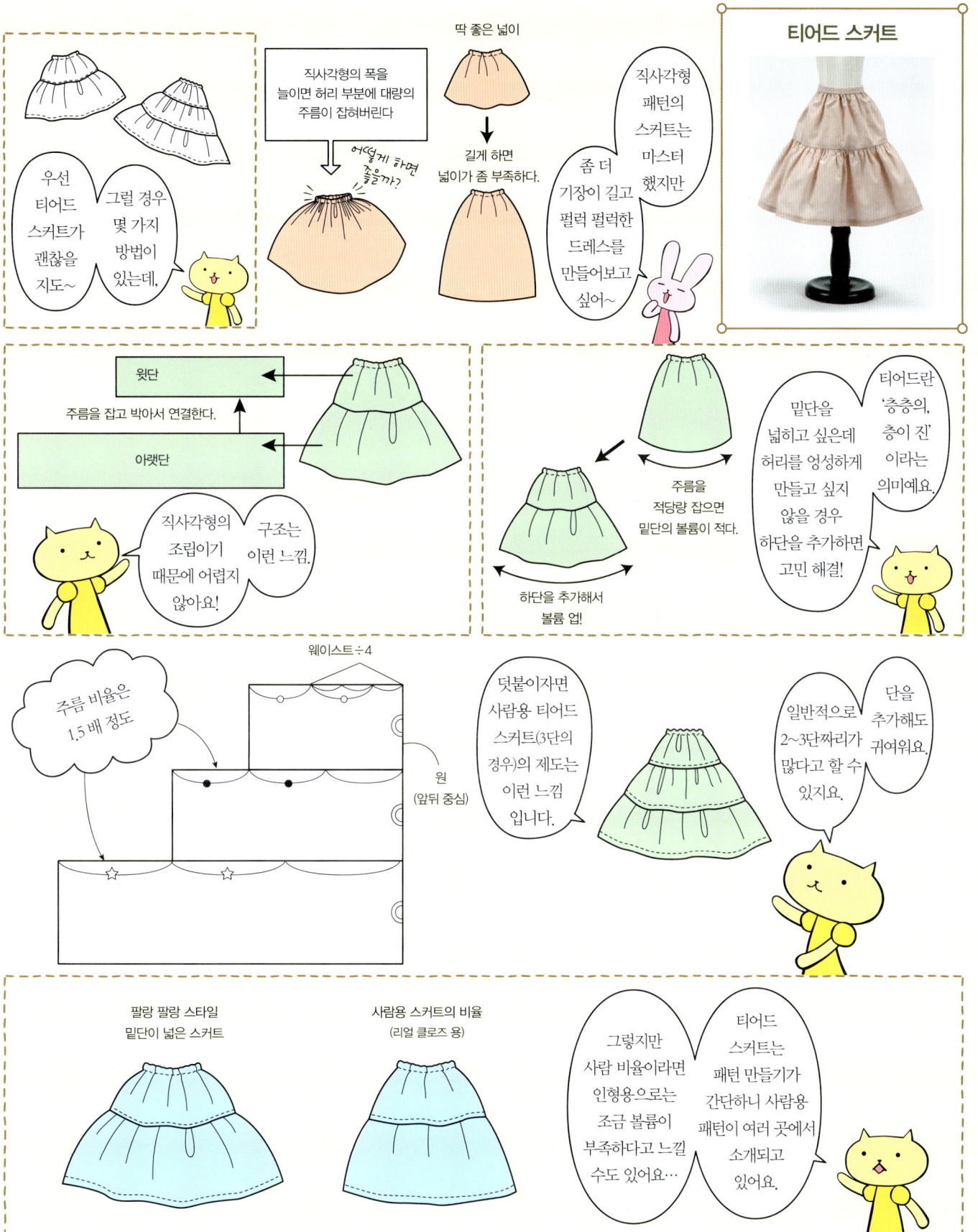

퍼진 티어드 스커트의 패턴 만들기

주름 스케일이 있으면 편리해!

직사각형 스커트에서 만들어 둔 주름 스케일로 실제 만들고 싶은 분량의 주름을 잰다.

만들고 싶은 기장과 스커트 폭의 상태를 그린다.

우선, 실물 크기로 프린트한 바디에 만들고 싶은 스커트를 그리고 전체 기장과 상하 길이를 정합니다.

리얼 클로스가 아니라 퍼진 실루엣을 만드는 법을 소개할게요.

손 글씨라도 괜찮으니, 이런 식으로 잰 치수를 메모해두면 좋다.

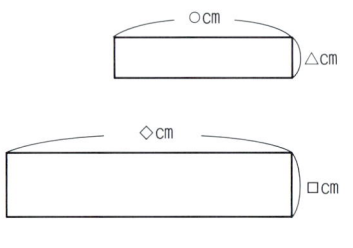
○cm △cm
◇cm □cm

티어드 스커트 패턴 제작의 포인트

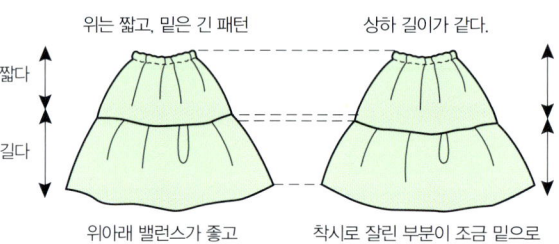

위는 짧고, 밑은 긴 패턴 — 짧다 / 길다
위아래 밸런스가 좋고 깔끔해 보임.

상하 길이가 같다. — 같다
착시로 잘린 부분이 조금 밑으로 처진 것처럼 보여 무겁게 느껴짐.

단을 동일한 간격으로 하고 싶으면, 상하를 같은 높이가 아니라 조금 차이를 두는 게 포인트예요.

티어드 스커트 만들 때 주의점

볼륨을 누르려고 하면 눈에 띄는 '점이 선'이 생긴다.

사람 옷과는 달리, 원단의 두께로 인해 너무 퍼진다.

너무 많으면 인형옷 특유의 문제점이…

흠~ 분명 그렇긴 한데,

엄청나게 펄럭이게 만들고 싶을 때는 위아래 주름을 많이 늘리면 되는구나!

살째로 거짓였던 실수같습니다

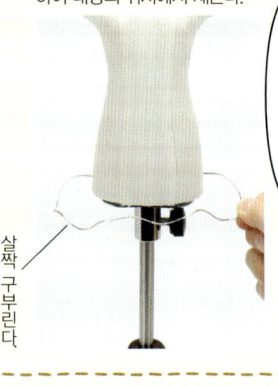

만들고 싶은 디자인을 이미지화하여 대강의 위치에서 재본다.

살짝 구부린다.

또는 실제로 첫째 단의 잘린 부분을 와이어로 둘러서 재보거나~

주름 비교 페이지를 참고해서 1단을 정하면 실패가 적을 거라 생각해요.

과연~ 생각지도 못했어.

아랫단만 주름 양을 늘리면 펄럭이긴 하지만 많이 퍼지진 않는다.

이 분량이 많으면 전체적으로 너무 퍼진다.

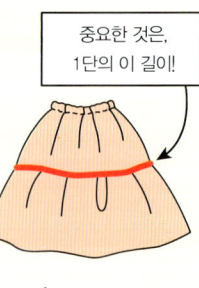

중요한 것은, 1단의 이 길이!

육일돌 사이즈(브라이스/리카짱 등) 주름 비교 소재: 면 론

윗단: 허리×2배
아랫단: 윗단×2배

윗단: 허리×1.7배
아랫단: 윗단×1.7배

윗단: 허리×1.5배
아랫단: 윗단×1.5배

60cm 인형 사이즈(SD/DD) 주름 비교 소재: 면 론

윗단: 허리×2배
아랫단: 윗단×2배

윗단: 허리×1.7배
아랫단: 윗단×1.7배

윗단: 허리×1.5배
아랫단: 윗단×1.5배

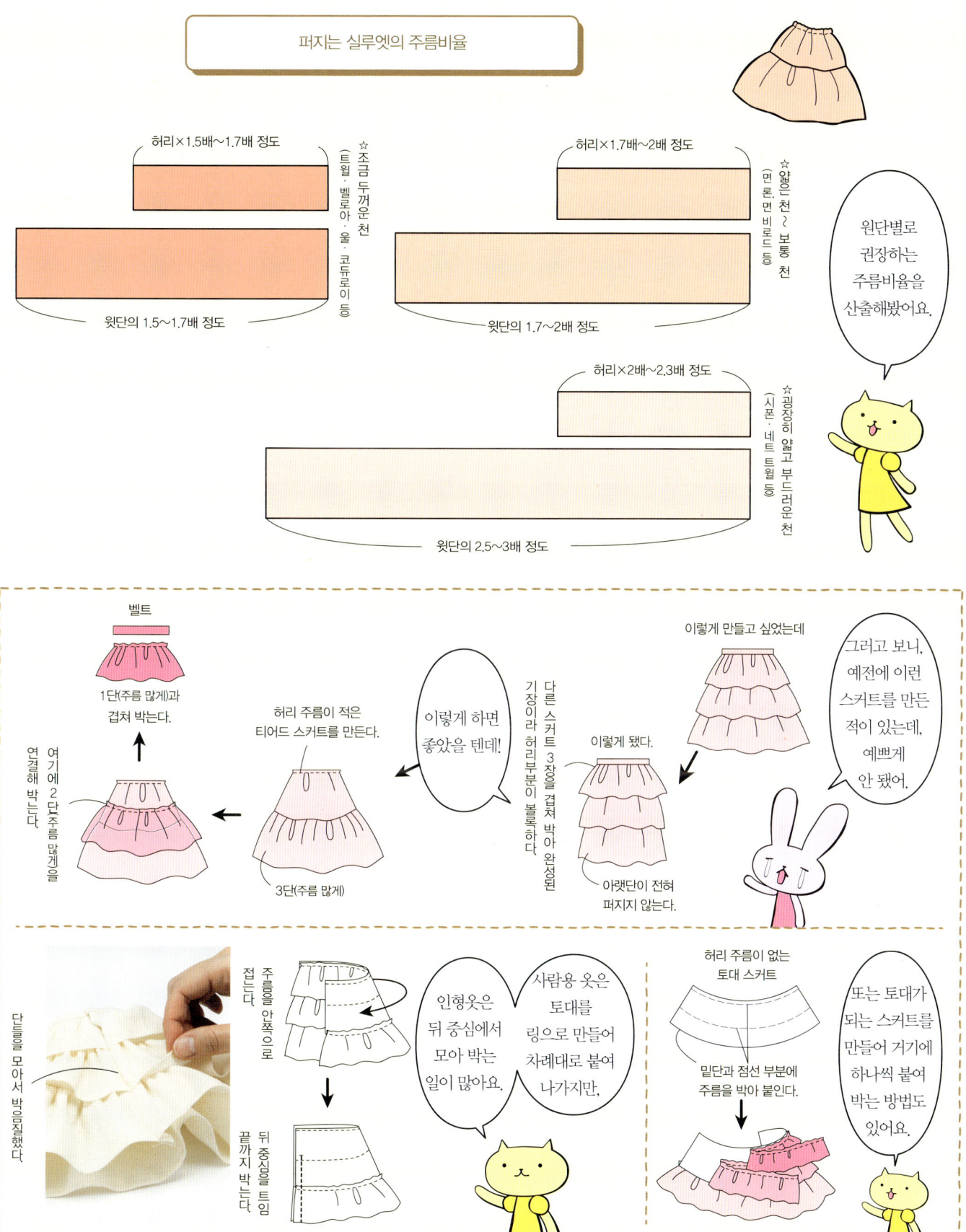

Chapter 2.

밑단이 퍼지는 스커트
— SKIRT II —

> 샤랄라~
> 밑단이 퍼지는 여성스러운
> 스커트입니다!

Chapter 2. 밑단이 퍼지는 스커트

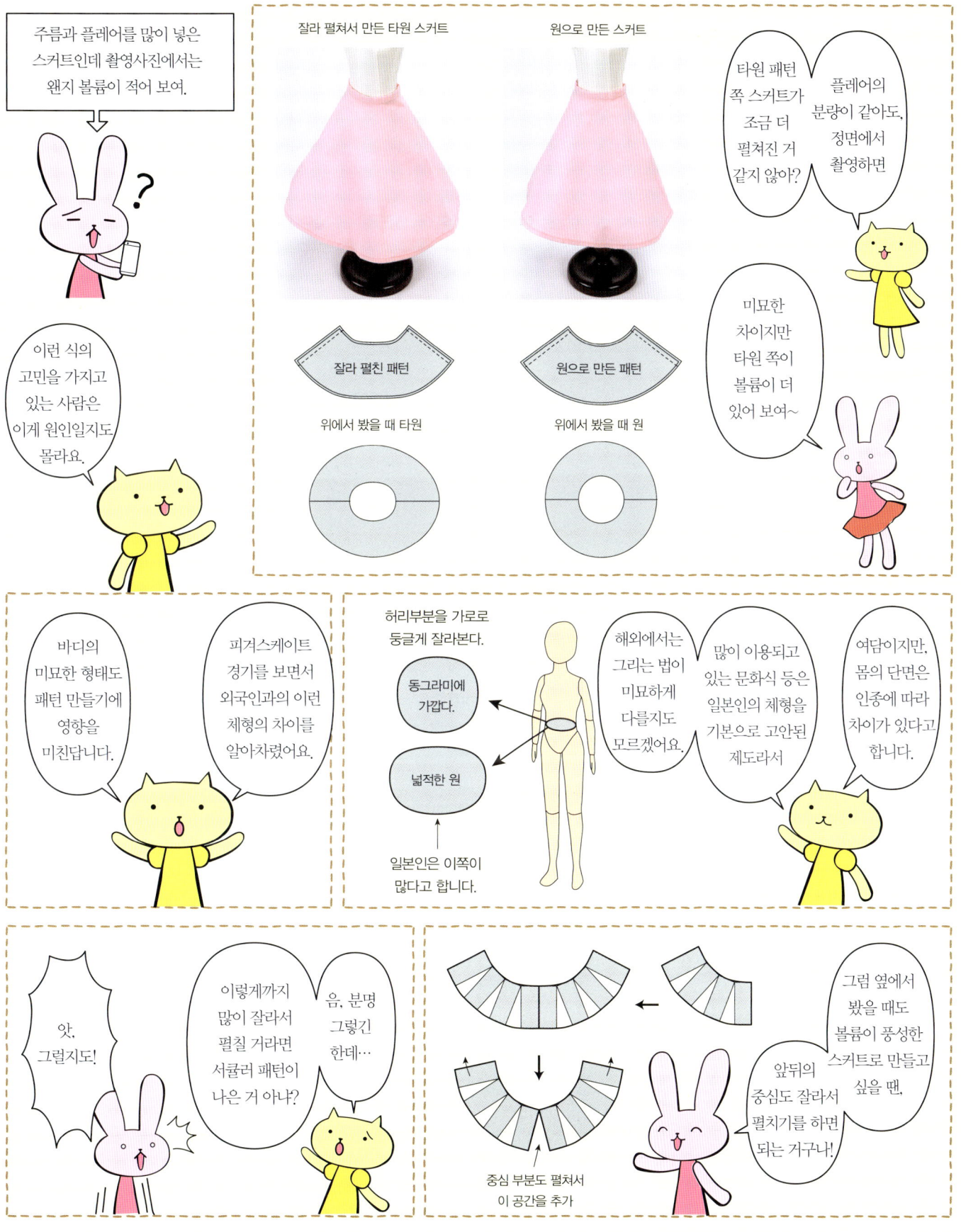

플레어 스커트 비교

 소재는 시팅 면을 사용하고 있어요.

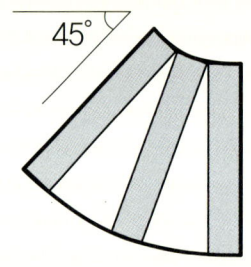

 주름의 양에 따른 볼륨의 차이를 참고해 주세요. 어느 것이라도 옆선의 경사가 45도가 되도록 잘라서 펼쳤습니다.

허리 주름 없음

육일돌 사이즈 (브라이스 등) / 60cm 인형 사이즈 (슈퍼돌피 등)

허리 × 1.5배 주름

육일돌 사이즈 (브라이스 등) / 60cm 인형 사이즈 (슈퍼돌피 등)

허리 × 2배 주름

육일돌 사이즈 (브라이스 등) / 60cm 인형 사이즈 (슈퍼돌피 등)

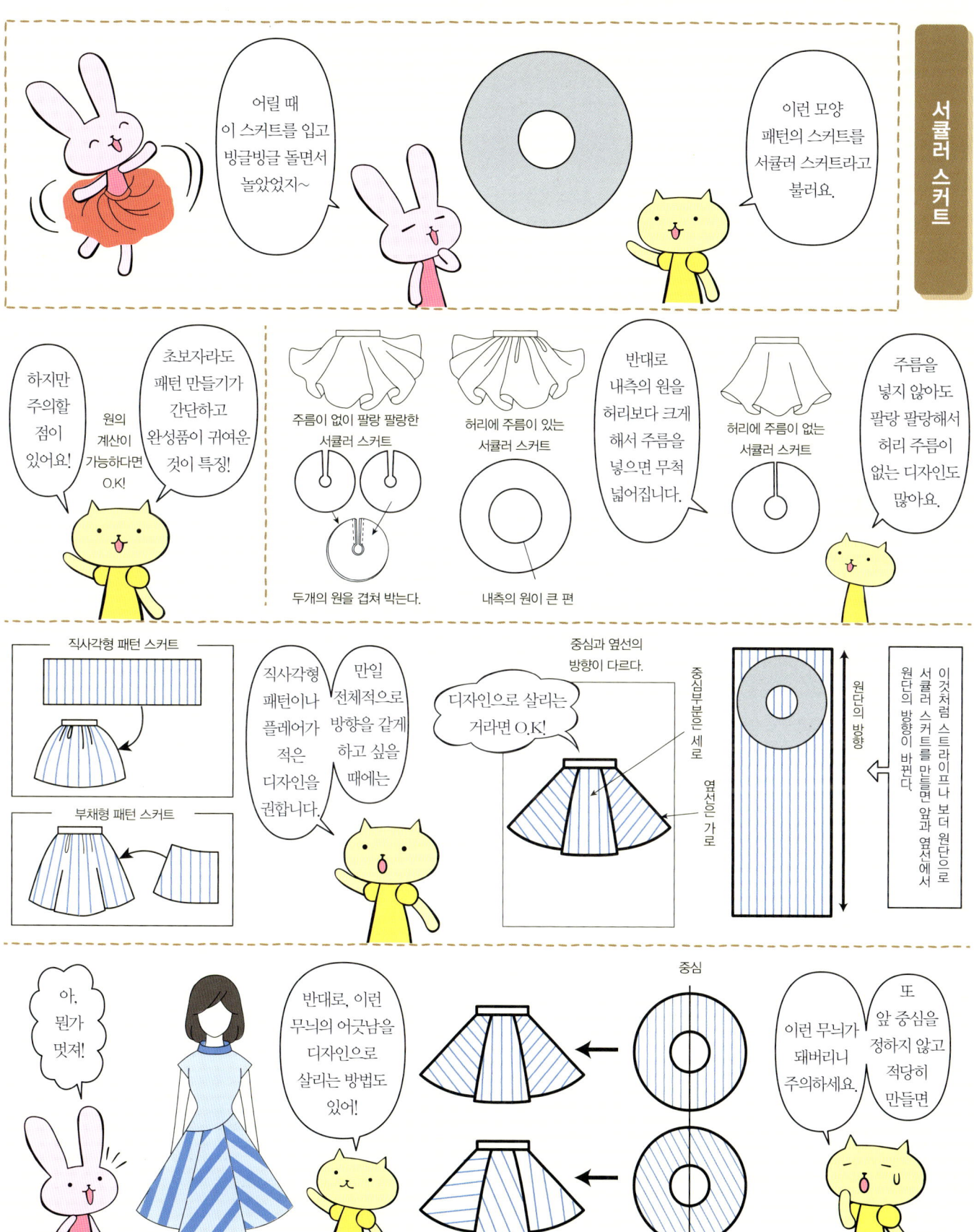

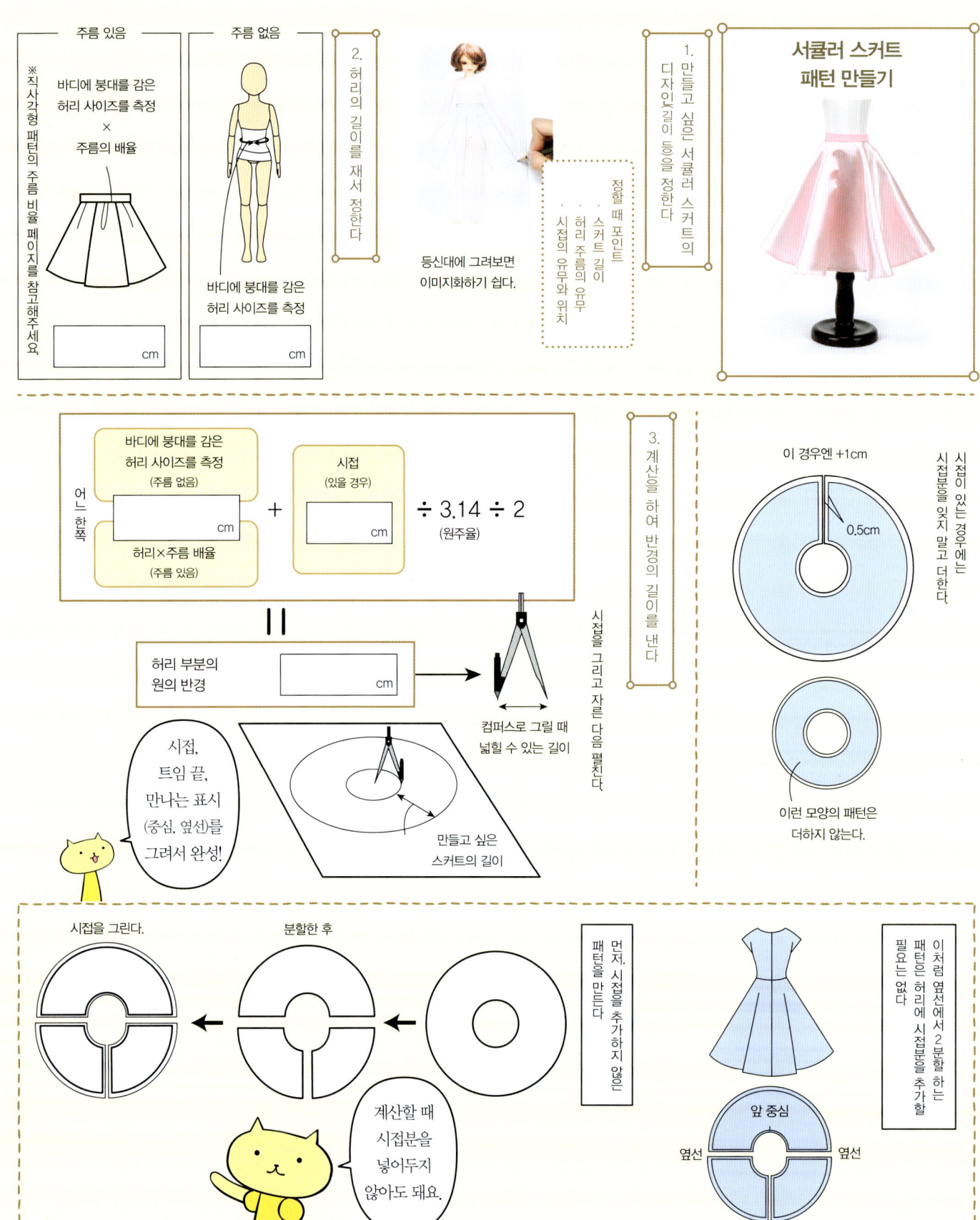

어라! 가볍게 펼쳐지는 상태였는데,

밑단을 박았더니 우산처럼 펼쳐졌어!

인형옷 나름의 고민이에요…

대처법

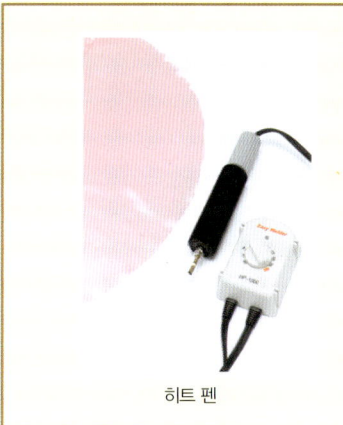

히트 펜

☆ 가능한 얇고 늘어나지 않는 천이나 드레이프가 아름답게 나오는 원단을 사용한다

☆ 니트나 레이스 원단 등 잘린 채로도 올이 풀리지 않는 소재를 사용한다

☆ 올풀림 방지액을 바른다

☆ 히트 펜(히트 커터)으로 자른다
※ 화학 섬유의 경우

☆ 오버로크를 사용한다

올이 잘 안 풀리는 소재를 자른 채로

화학섬유 레이스 등

육일돌 사이즈

화학섬유 레이스 등은 올이 잘 안 풀리는 것이 많지만 다 소 텐션이 있다.

네트
・트윌 네트
・파워 네트
※ 두꺼운 것도 있으니 주의

육일돌 사이즈

니트 원단

오비츠 11

작은 인형이라 밑단을 넓히고 싶지 않을 때 시판되는 타이츠로 만드는 것도 좋다.
※ 단 이염에 주의

밑단 처리 비교 사진

밑단을 접어 스티치

60cm 사이즈 인형

오버로크

60cm 사이즈 인형

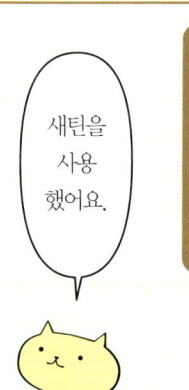

자른 채로 히트 펜

60cm 사이즈 인형

새틴을 사용했어요.

기능을 잘 사용하면 이렇게 귀여운 팔랑 팔랑한 느낌을 낼 수 있다고 해!

오버로크는 오버로크 미싱이 필요하지만,

그게 어려운 점

올풀림 방지가 잘 되지 않을 수도…

히트 펜은 자른 것과 같은 상태로 되지만 화학 섬유가 아니면

Chapter 2. 밑단이 퍼지는 스커트

서큘러를 사용한 여러 가지 스커트

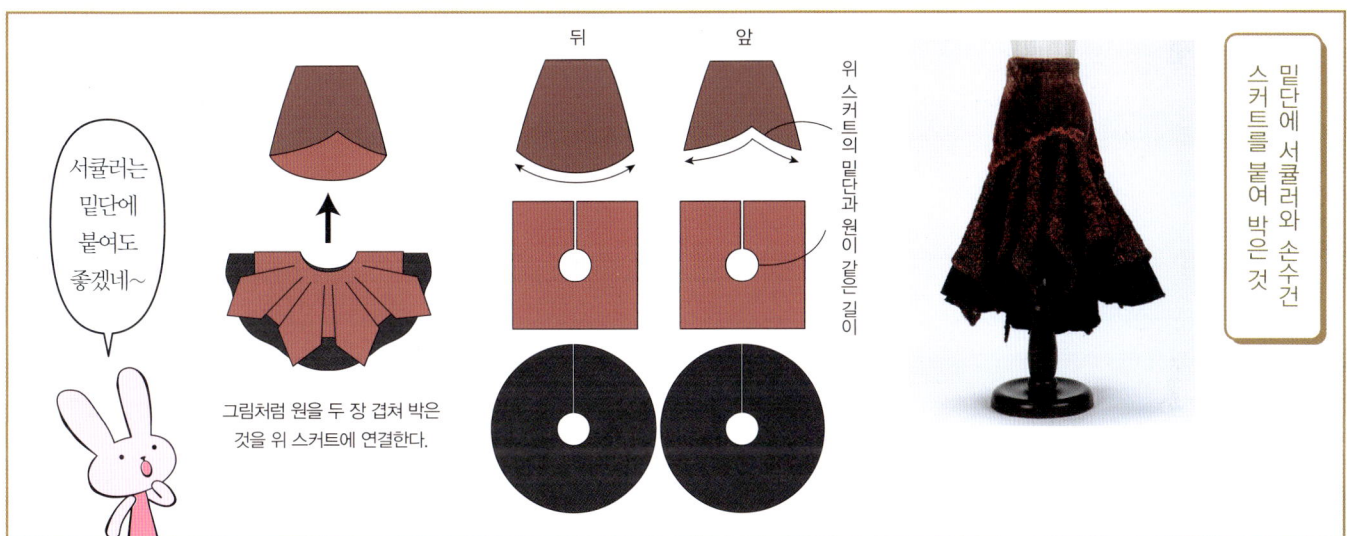

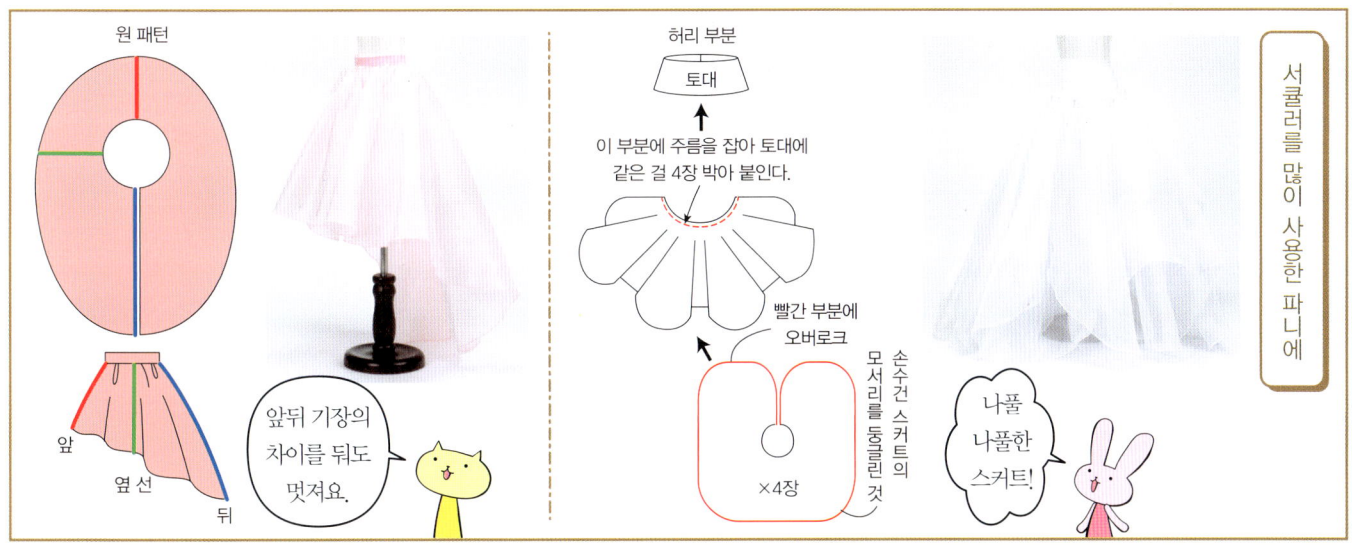

Chapter 3.

바디 라인을 살리는 스커트
— SKIRT III —

라인을 살리는
아름다운 스커트에요~

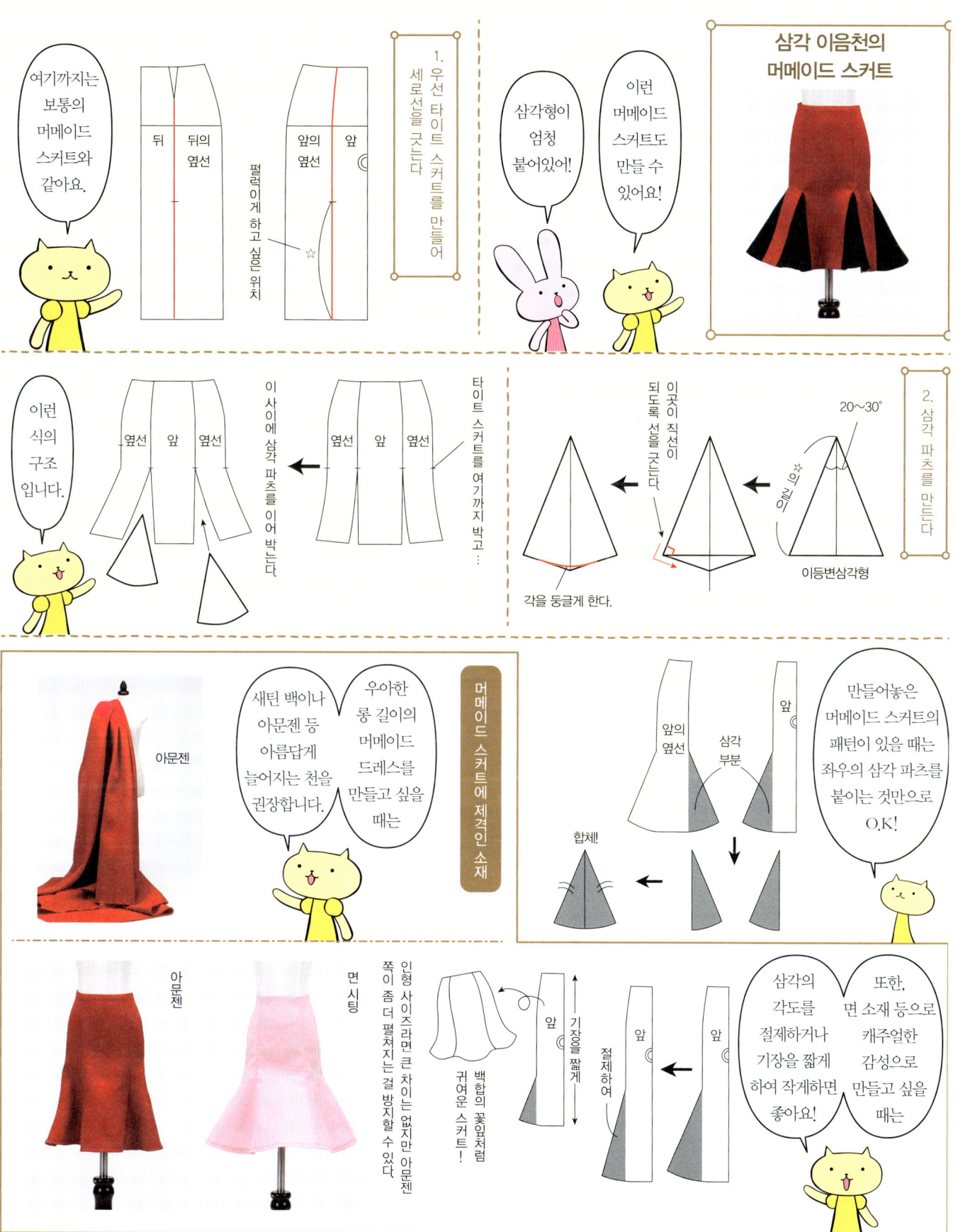

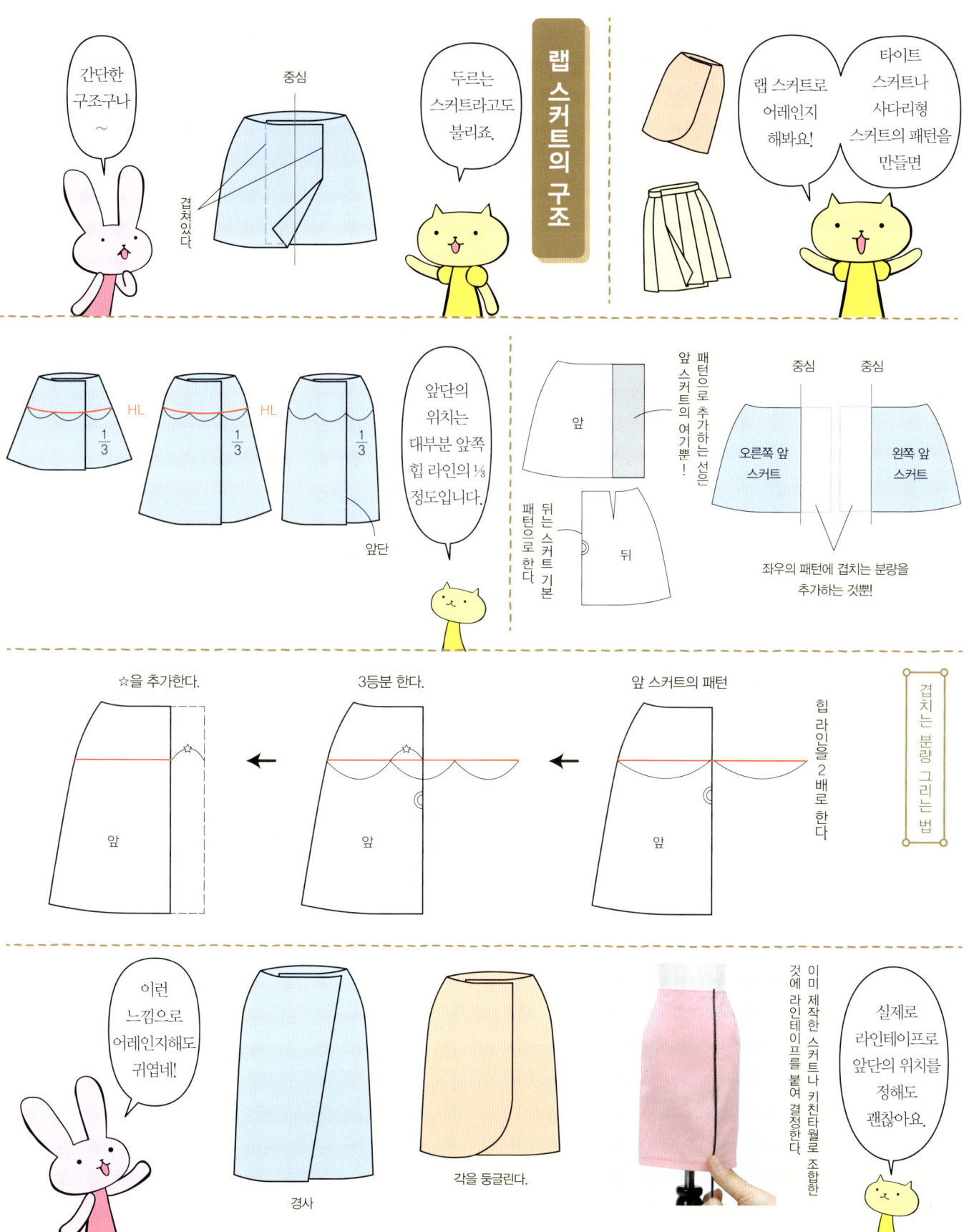

Chapter 4.

다양한 종류의 스커트
— SKIRT IV —

플리츠 스커트 완전정복~

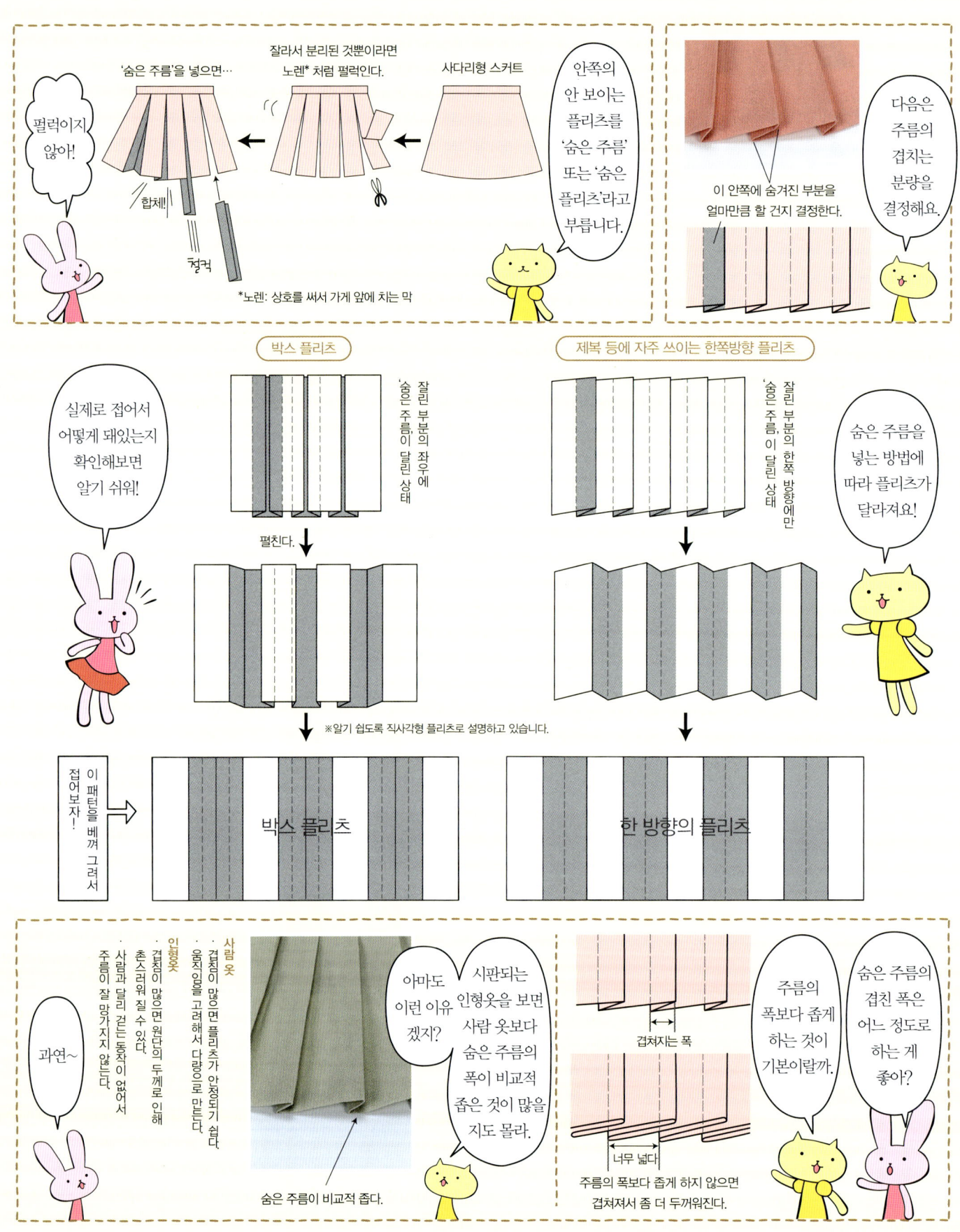

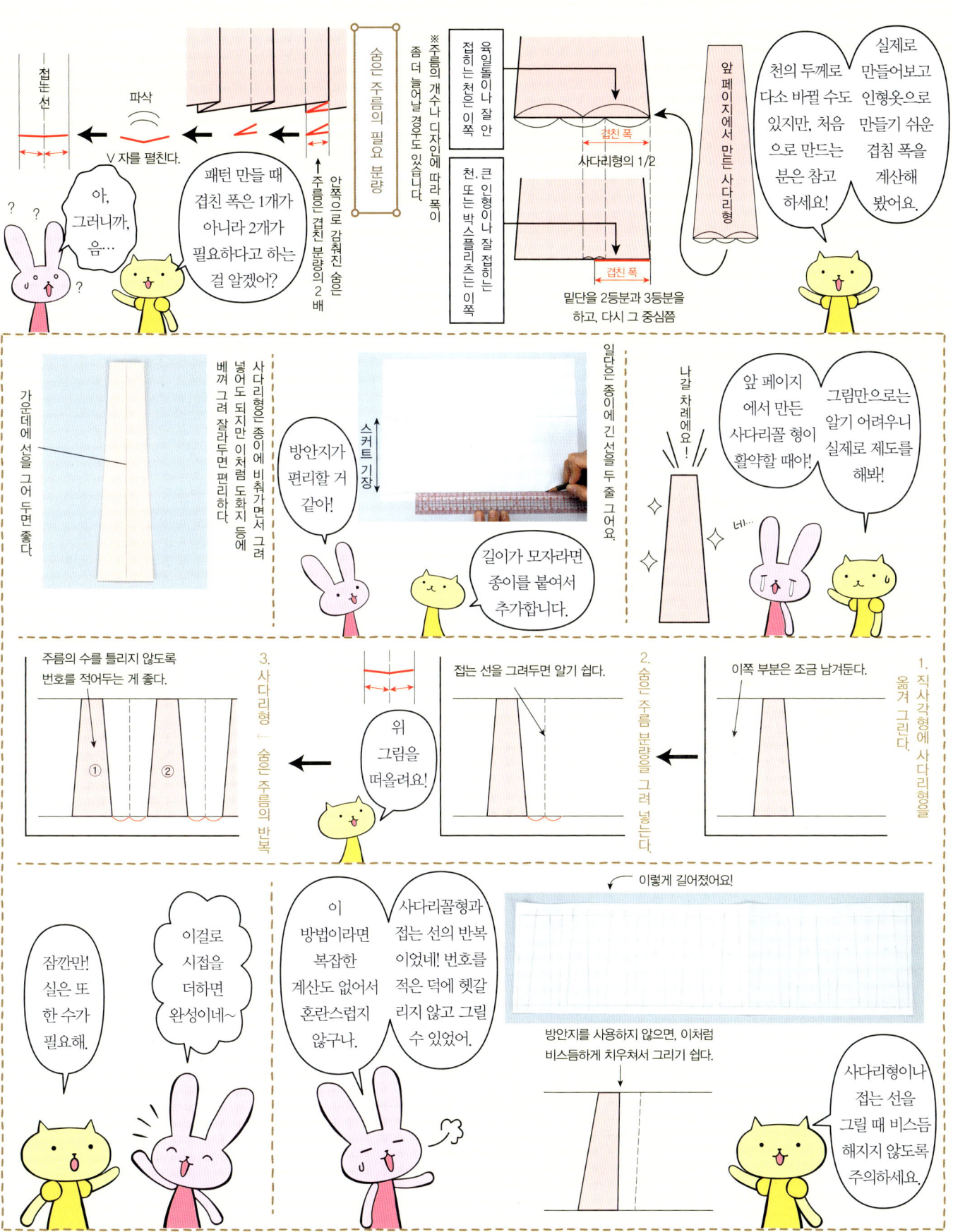

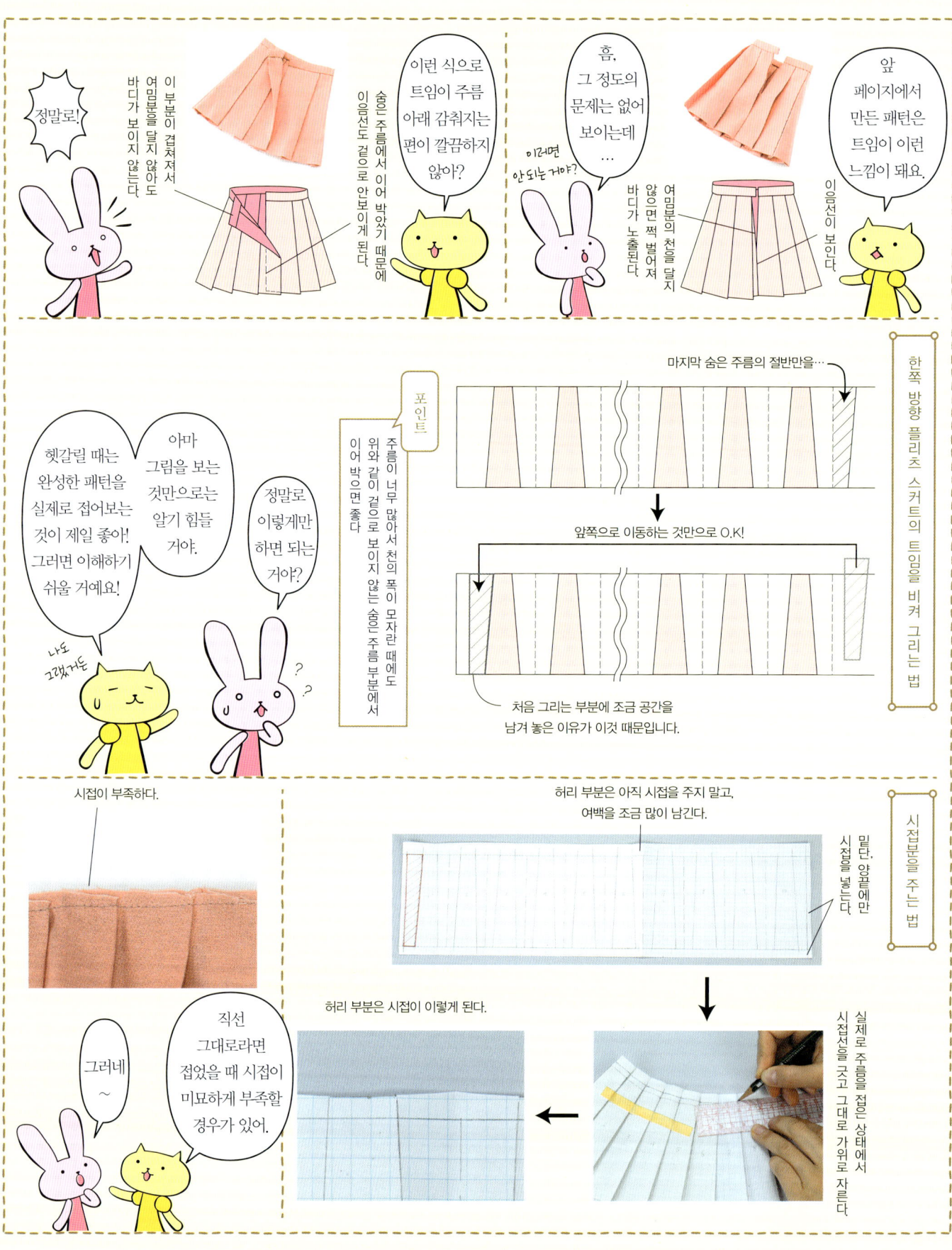

Chapter 4. 다양한 종류의 스커트

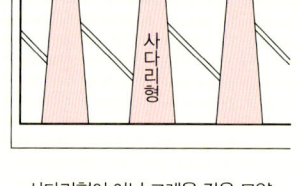
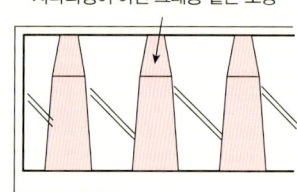
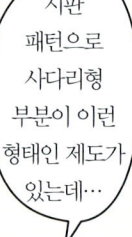
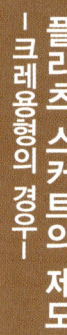

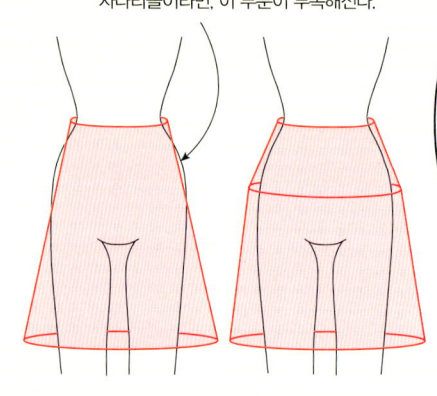

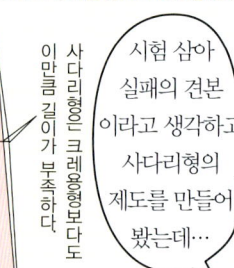

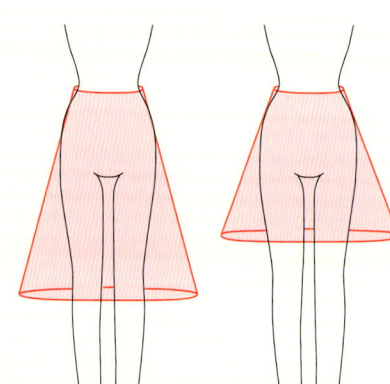

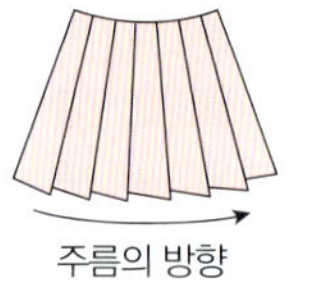

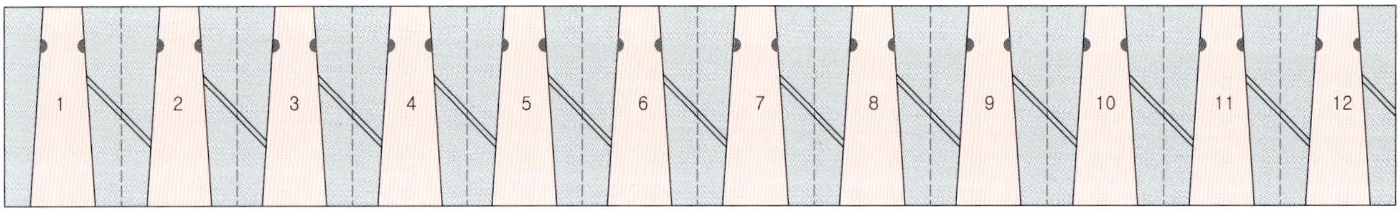

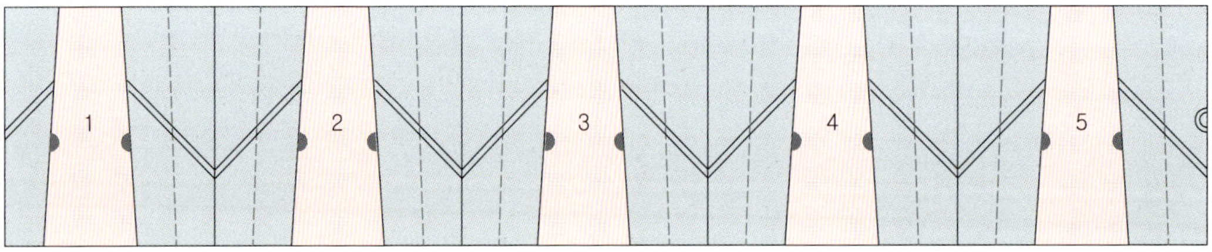

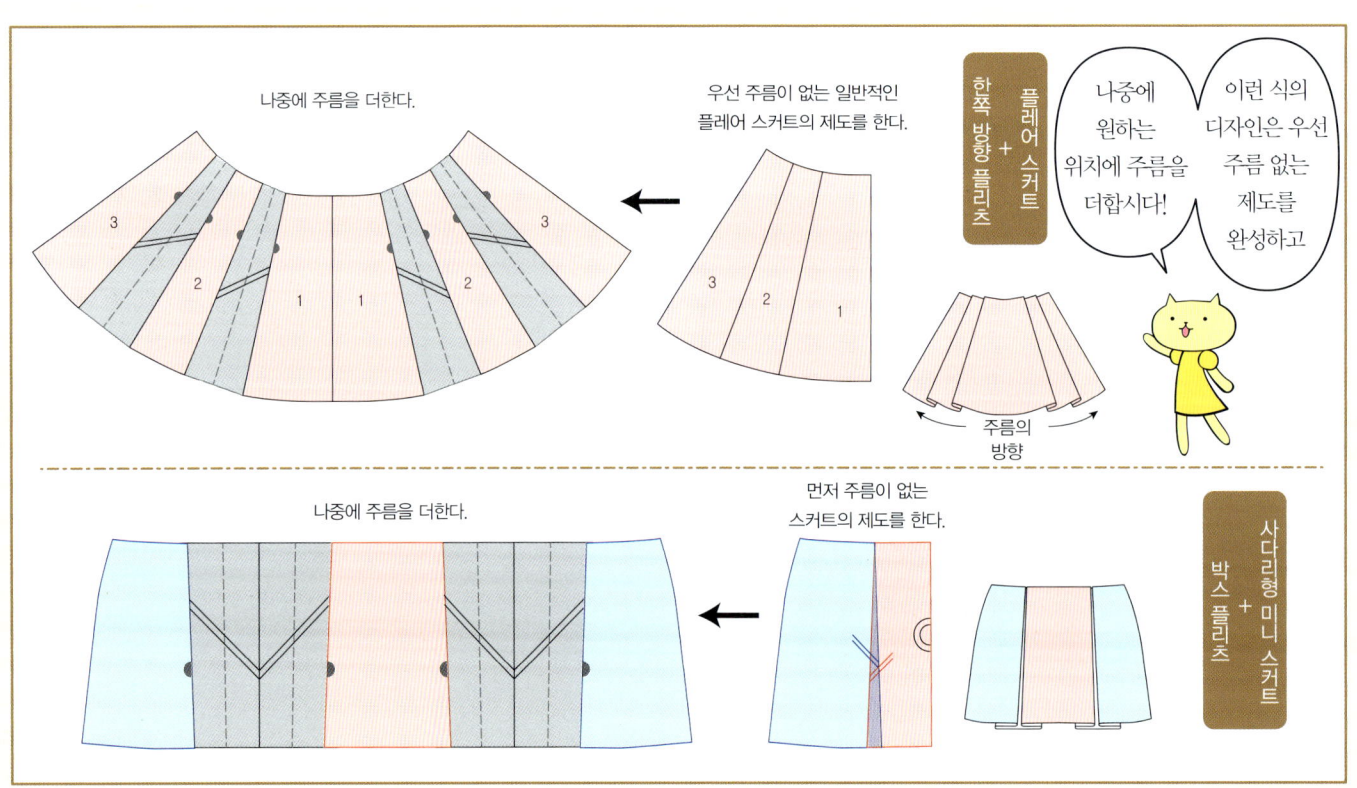

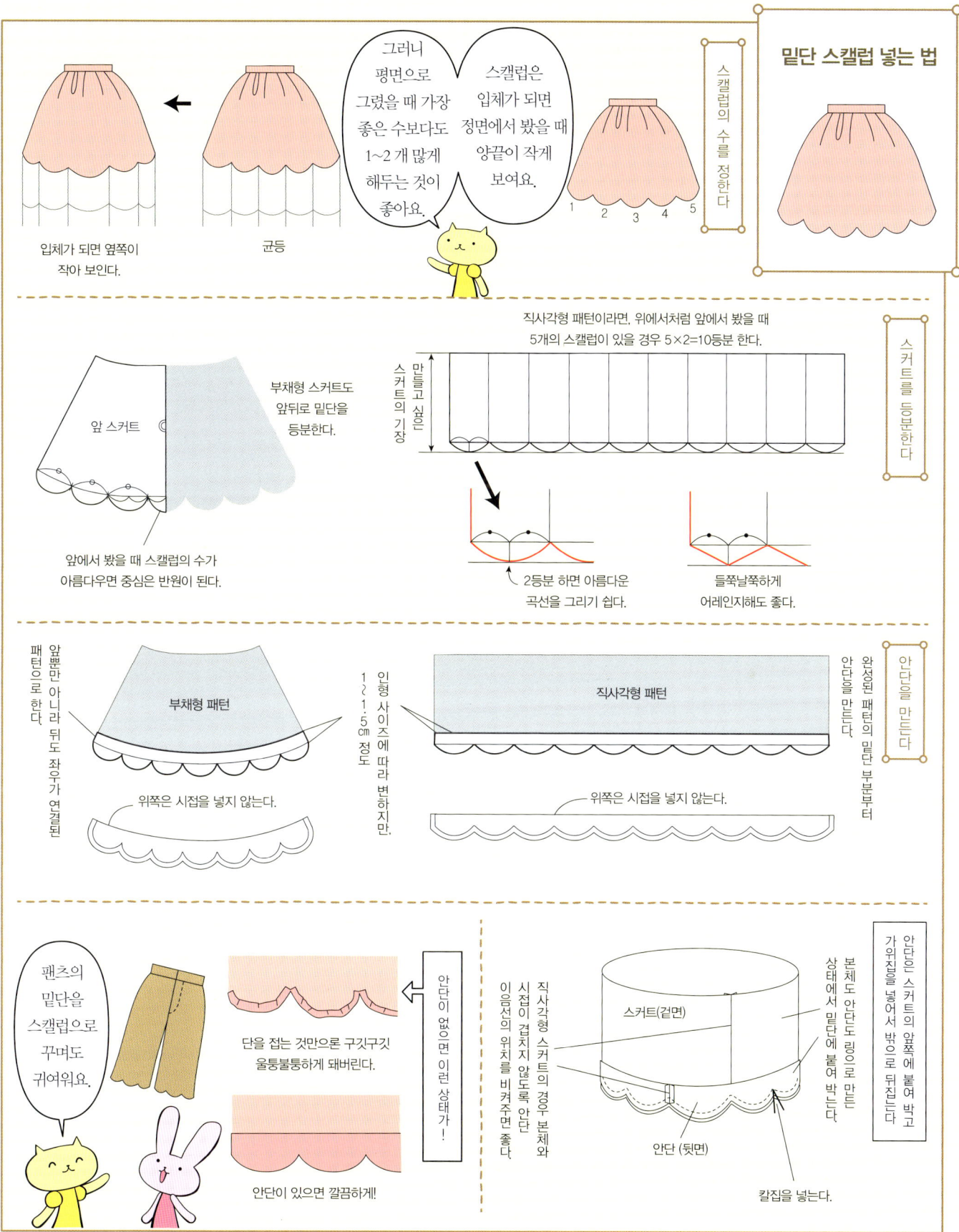

Chapter 5.

팬츠 패턴 만들기
— PANTS I —

> 어려운 팬츠 패턴을
> 정말 자세히, 꼼꼼히
> 설명했어요~

평평하게 폈더니 허벅지 둘레가 직선이 돼버렸어!

앗!

잠깐 기다려!

이걸 팬츠 패턴 완성이구나!

쾅쾅!

그런 이유로 누구라도 가능한 엉덩이 모양에 딱 맞는 패턴 만들기를 소개할게요!

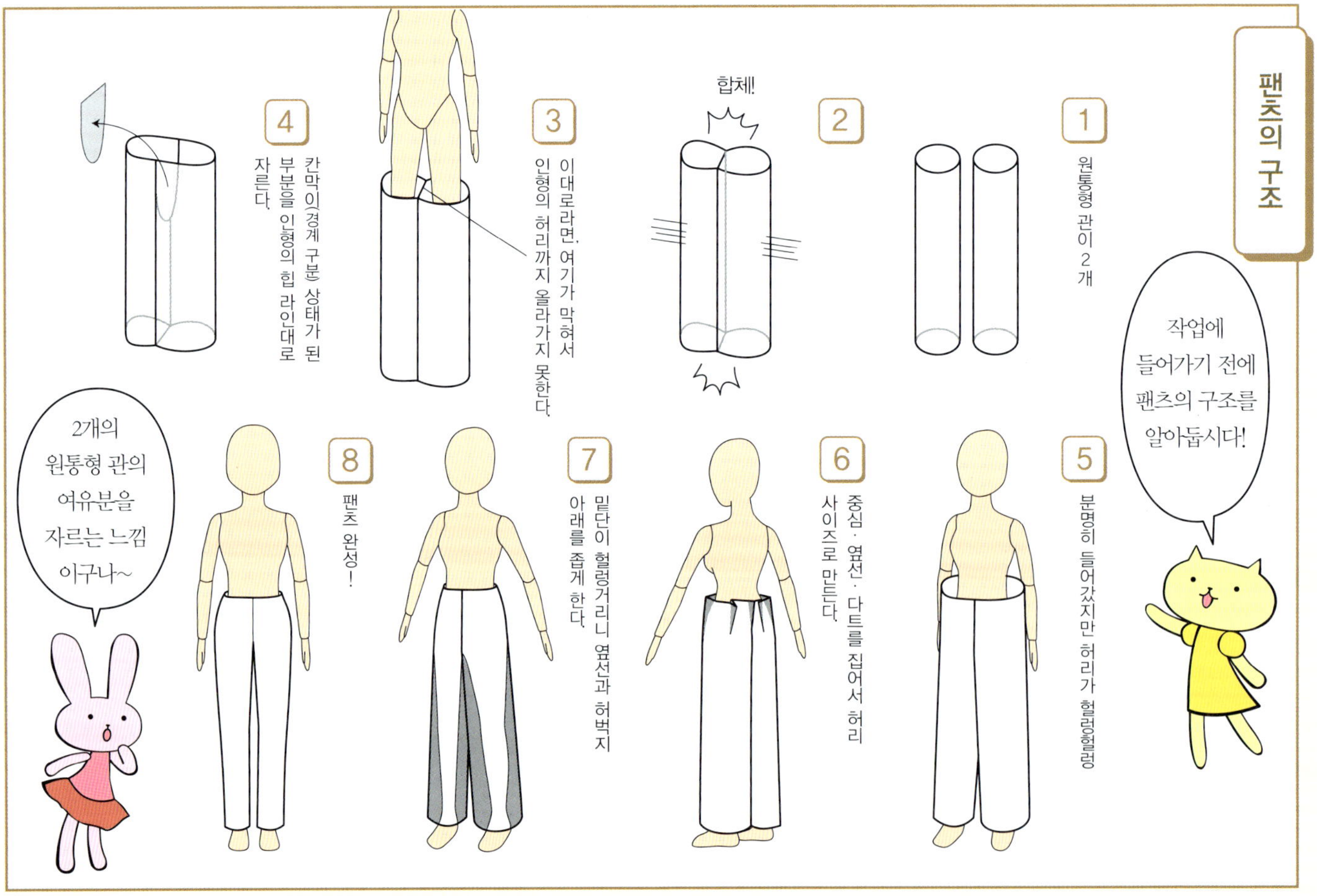

이걸 평면으로 고치는 건 초보자에게는 조금 어려울 거야.

벗겨낸 파츠가 입체적으로 되어 있어서,

불가능한 건 아니지만...

커브로 돌리는 법을 모르겠어!

팬츠의 구조

작업에 들어가기 전에 팬츠의 구조를 알아둡시다!

1 원통형 관이 2개

2 합체!

3 이대로라면, 여기가 막혀서 인형의 허리까지 올라가지 못한다.

4 칸막이 경계 구분 상태가 된 부분을 인형의 힙 라인대로 자른다.

2개의 원통형 관의 여유분을 자르는 느낌이구나~

5 분명히 들어갔지만 허리가 헐렁헐렁

6 중심·옆선·다트를 집어서 허리 사이즈로 만든다.

7 밑단이 헐렁거리니 옆선과 허벅지 아래를 좁게 한다.

8 팬츠 완성!

Chapter 5. 팬츠 패턴 만들기

패턴 제작에 사용할 아이템

붕대
신축성이 있는 것 또는 들러붙는 붕대

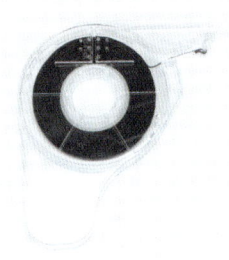

라인테이프
폭 0.15~0.2cm 정도가 사용하기 쉽다. 다이소 물건이라도 좋다.

알루미늄 와이어
직경 0.1~0.2cm 정도의 것 스틸이나 스테인리스는 탄력이 있어서 사용하기 어려우니 NG!

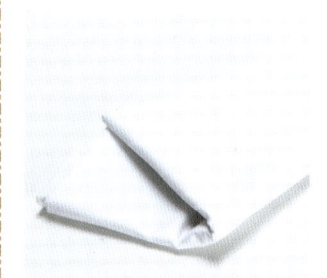

천
실전용이 아닌 가봉용 천 옅은 색의 무지가 좋다.

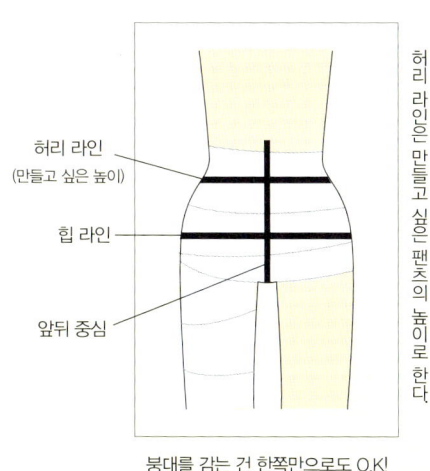

붕대를 감는 건 한쪽만으로도 O.K!

- 허리 라인 (만들고 싶은 높이)
- 힙 라인
- 앞뒤 중심

허리 라인은 만들고 싶은 팬츠의 높이로 한다.

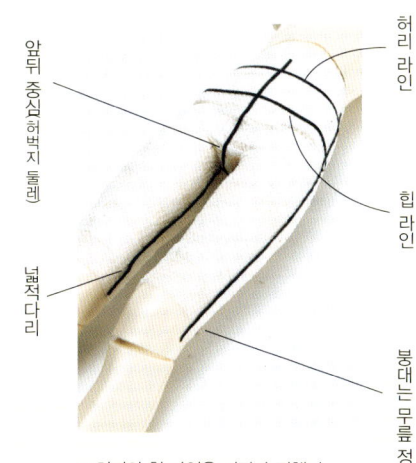

- 앞뒤 중심/허벅지 둘레
- 허리 라인
- 힙 라인
- 넓적 다리

※ 허리와 힙 라인은 지면과 평행이 되도록 붙입니다.

붕대는 무릎 정도까지 감는다.

좀 두껍게 감아서 여유를 크게 두는 게 좋아요.

팬츠는 여밈분이나 벨트 등 여러 가지 파츠가 붙기 때문에

바디를 보호하고 여유분을 넣기 위해 허리와 다리에 붕대를 감고 라인테이프를 붙인다

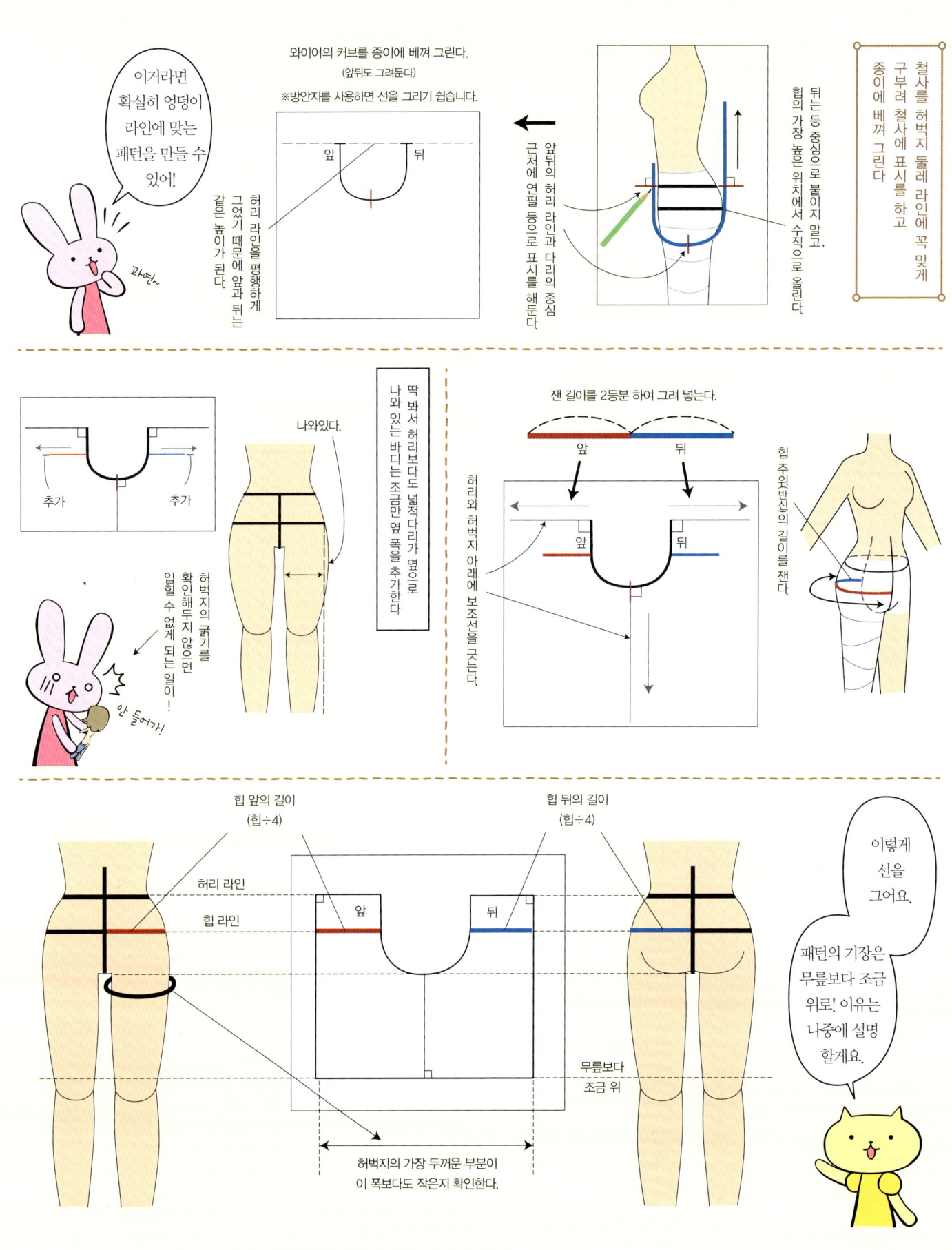

Chapter 5. 팬츠 패턴 만들기

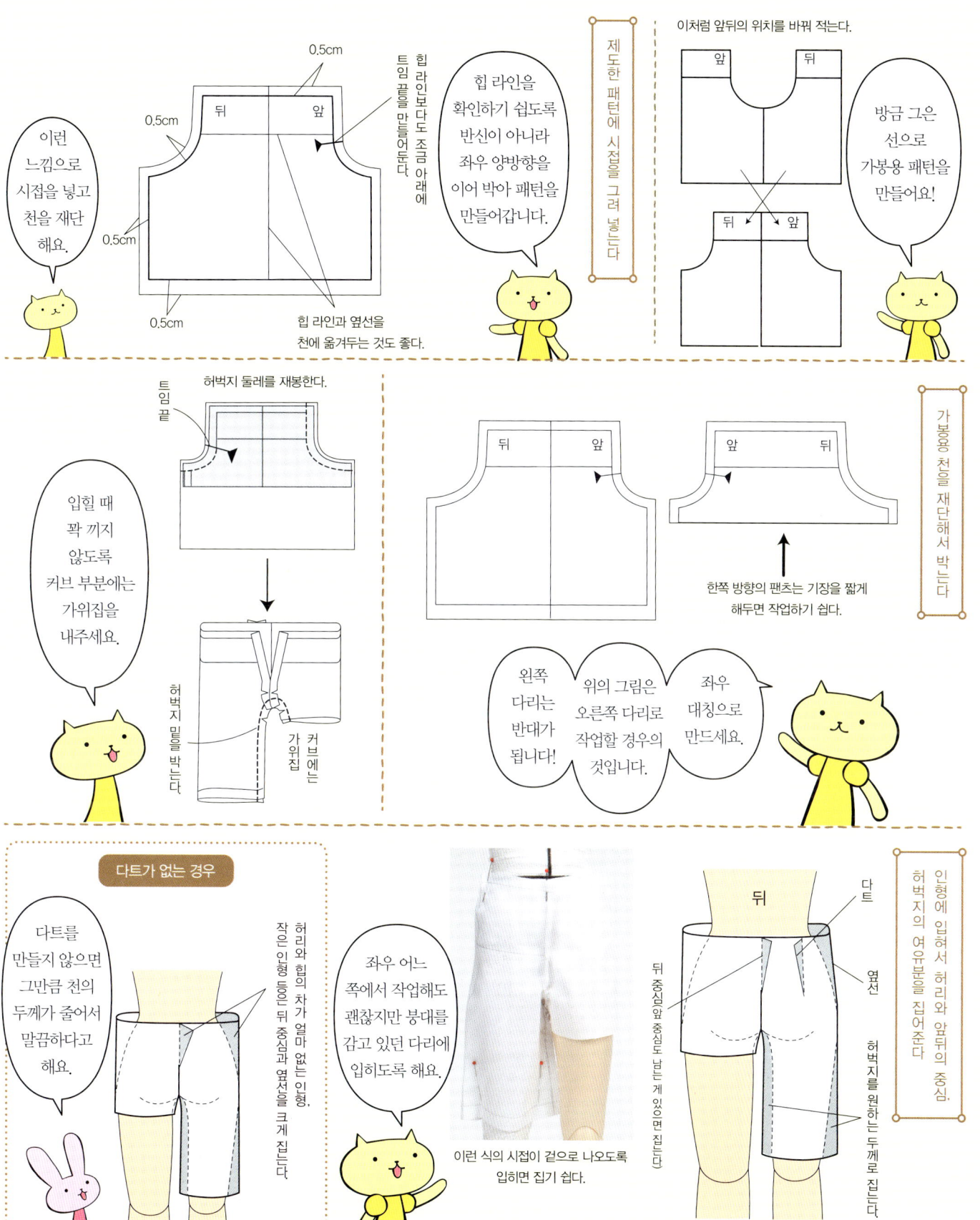

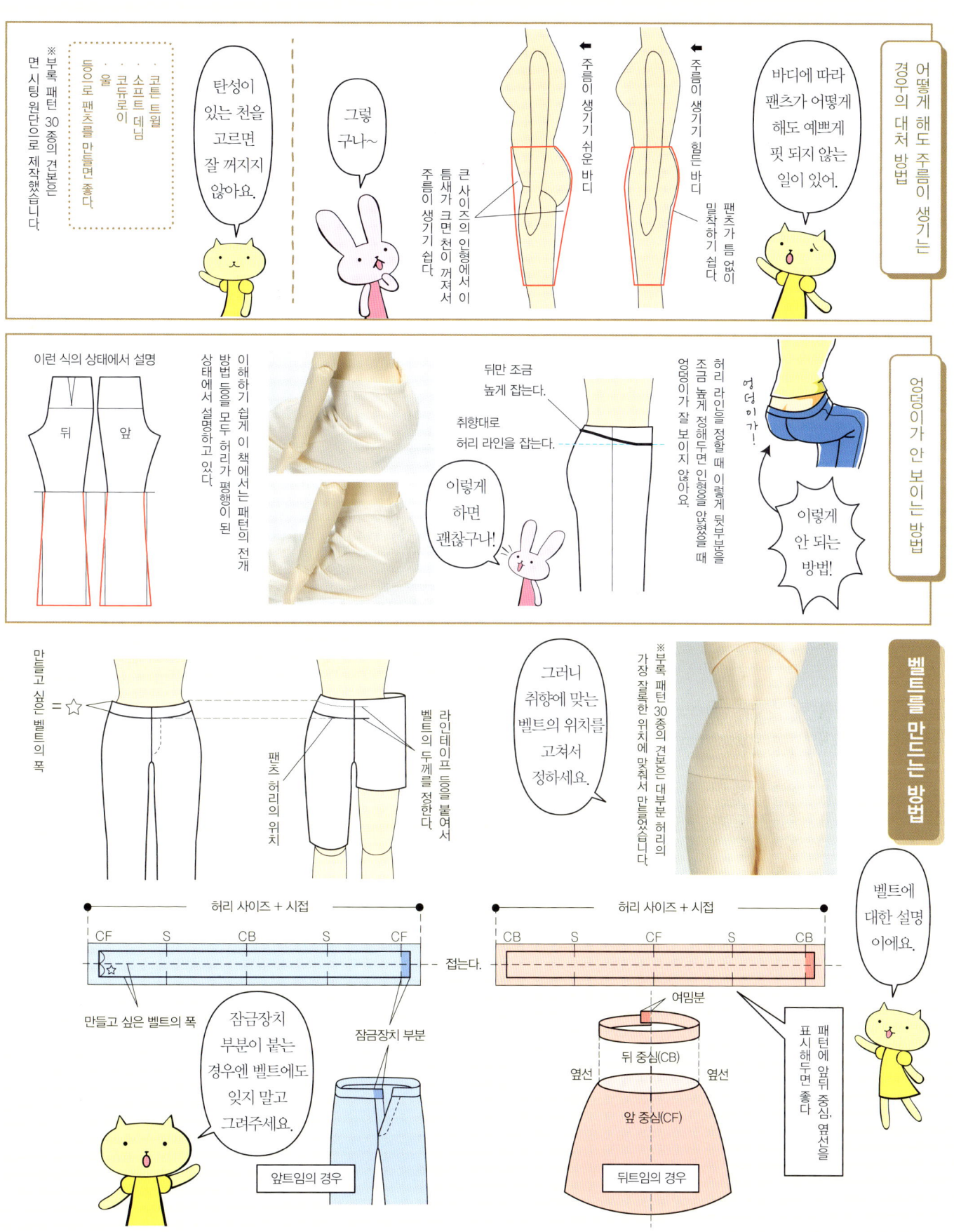

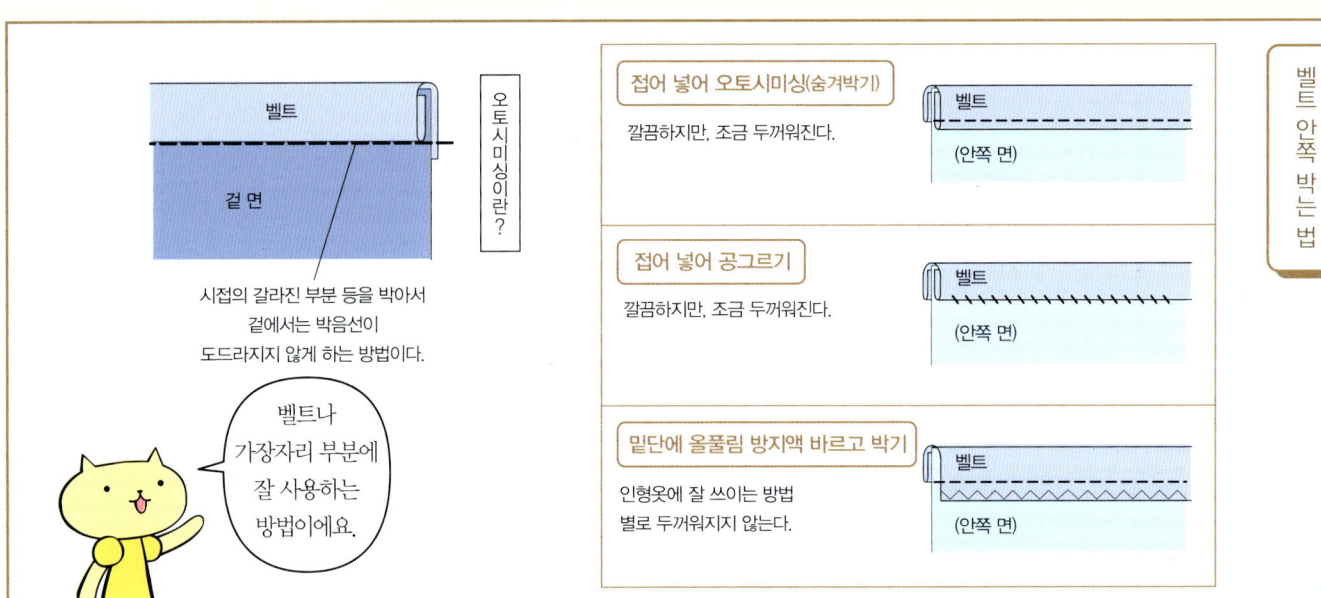

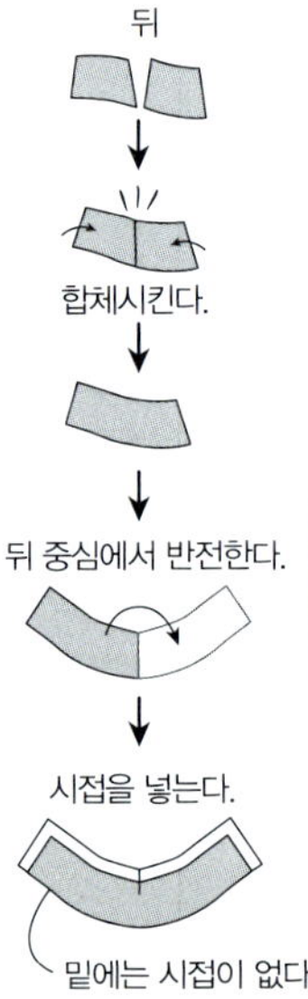

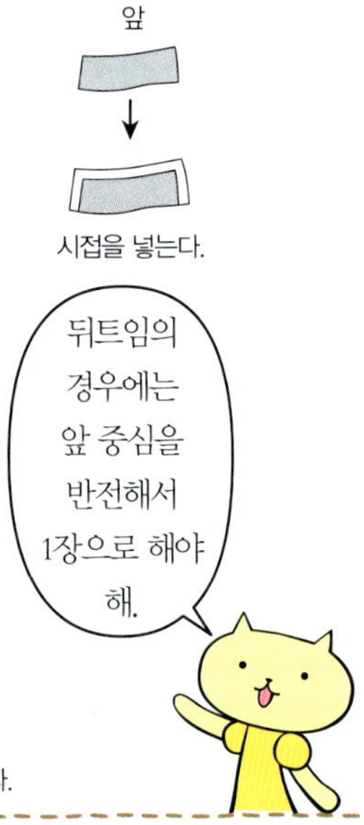

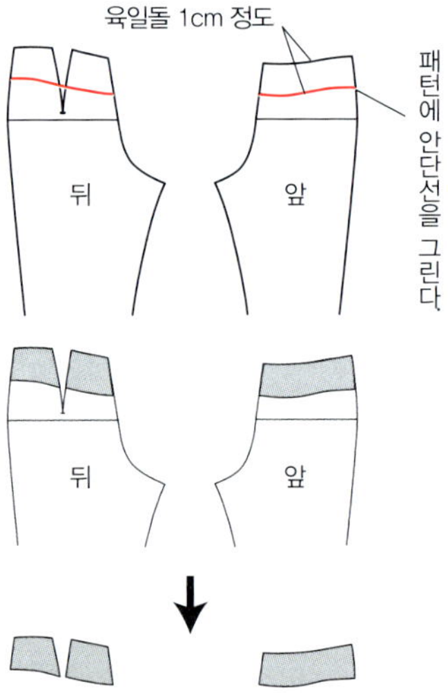

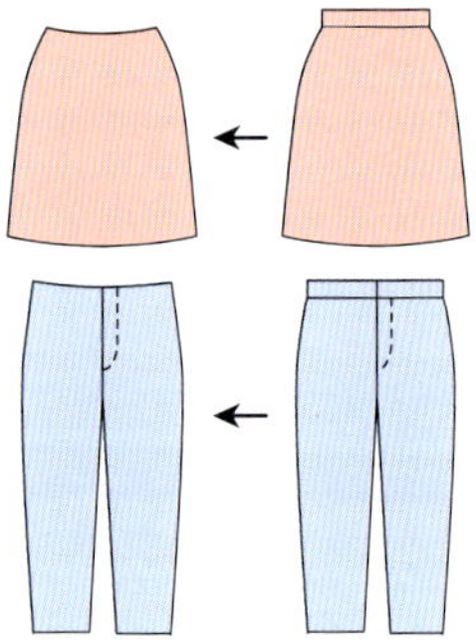

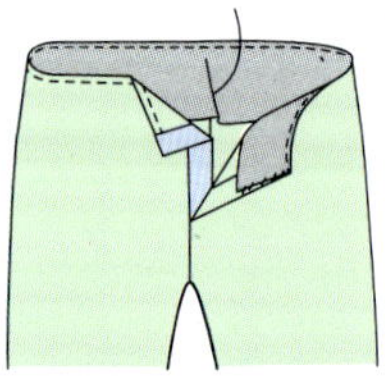

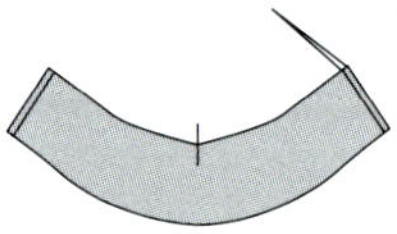

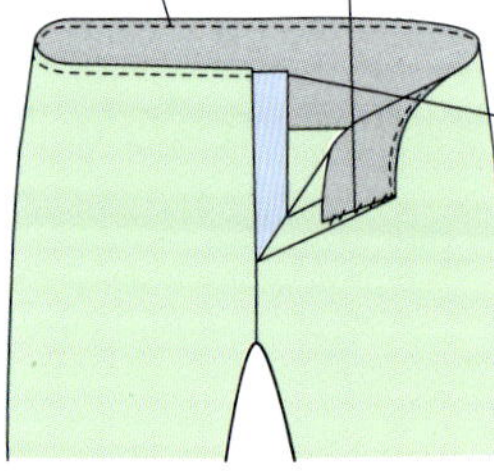

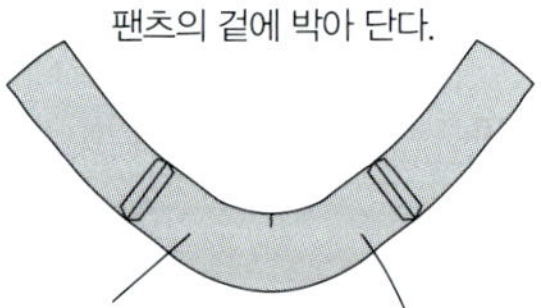

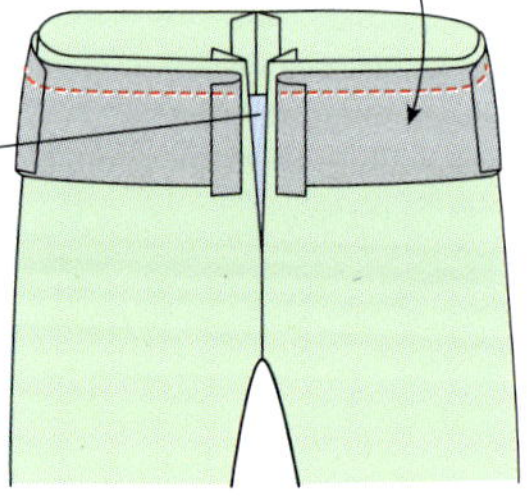

Chapter 6.

무릎 아래 어레인지
― PANTS II ―

이제, 본격적으로
다양한 스타일의 팬츠를
만들어봐요!

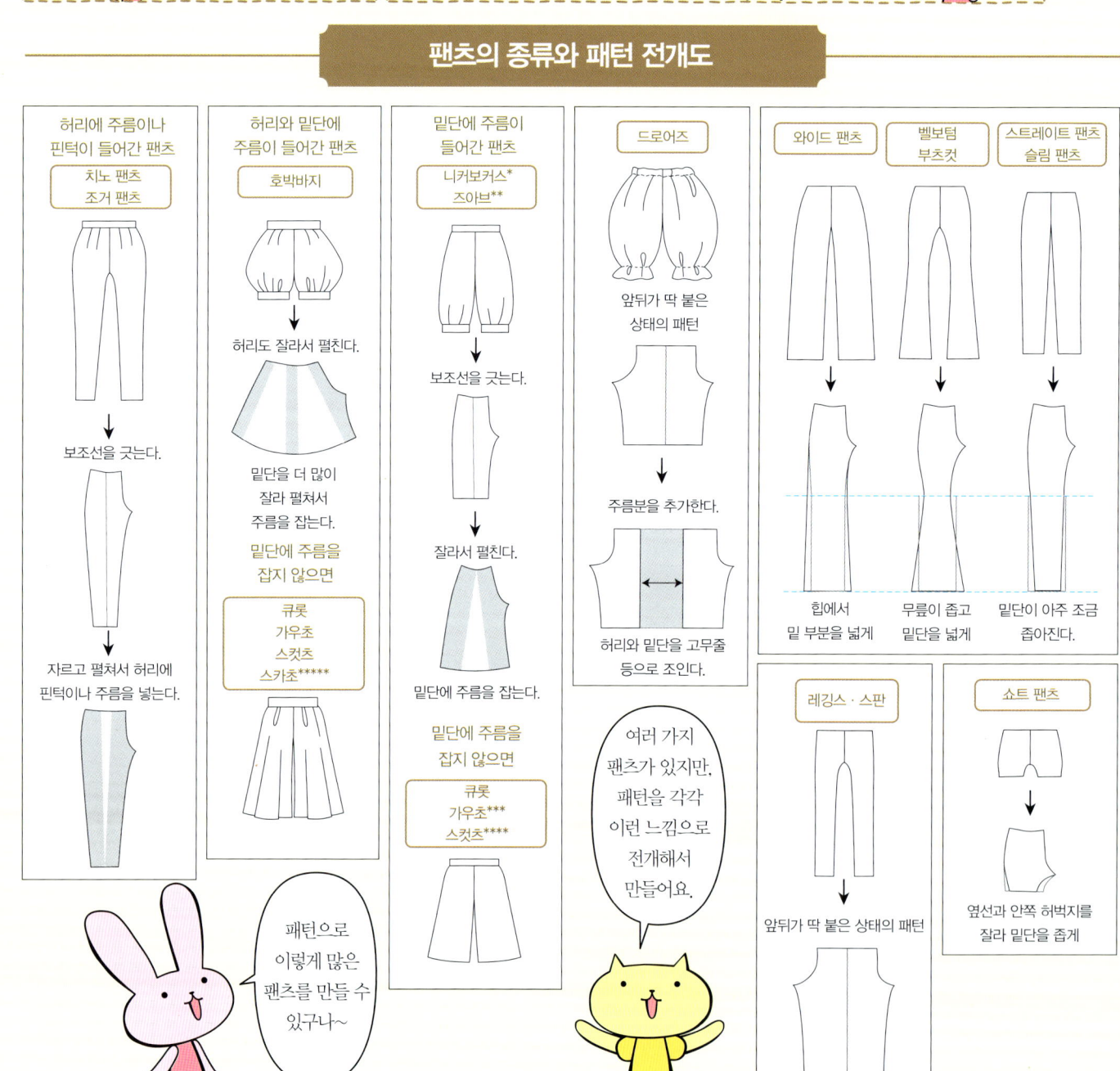

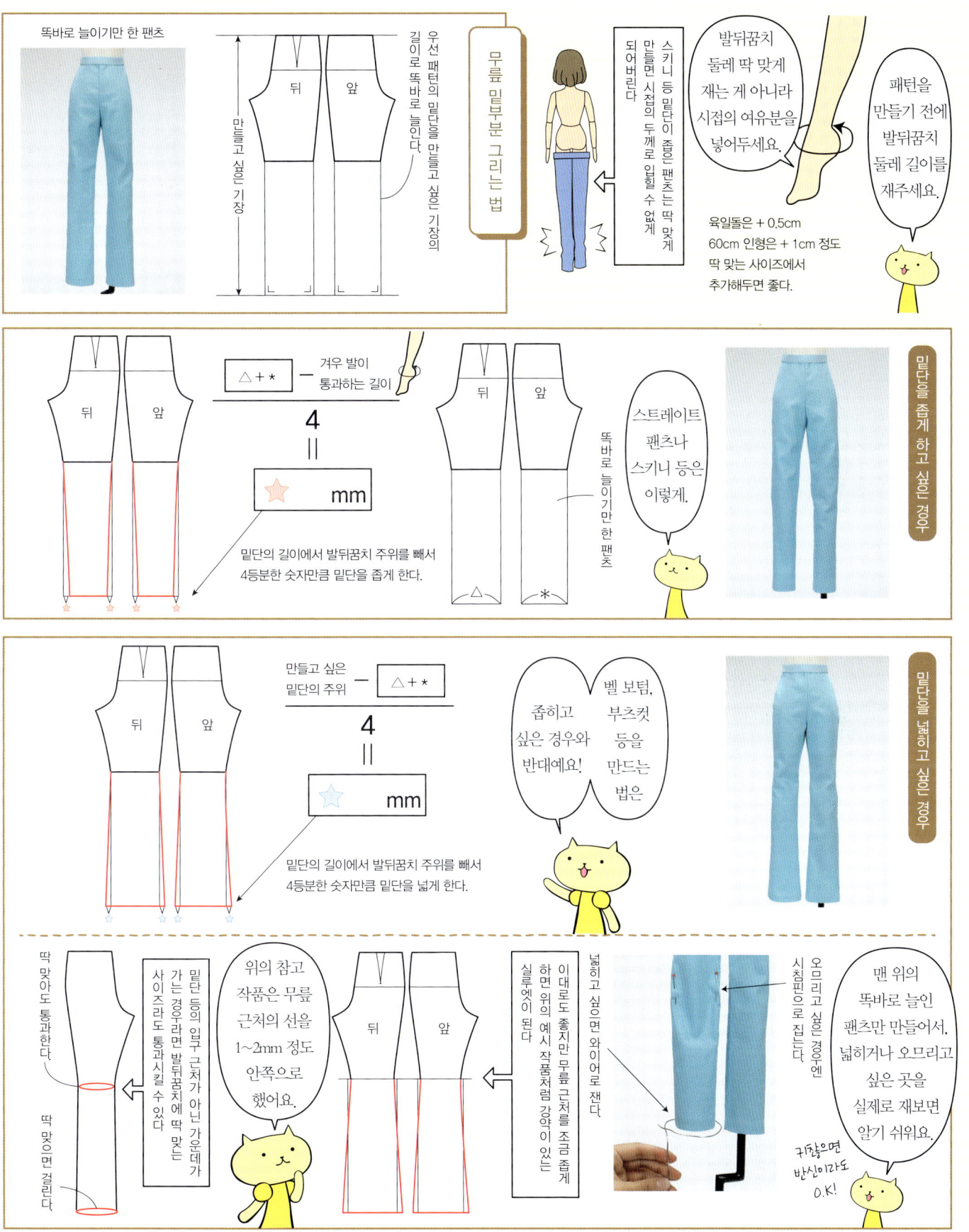

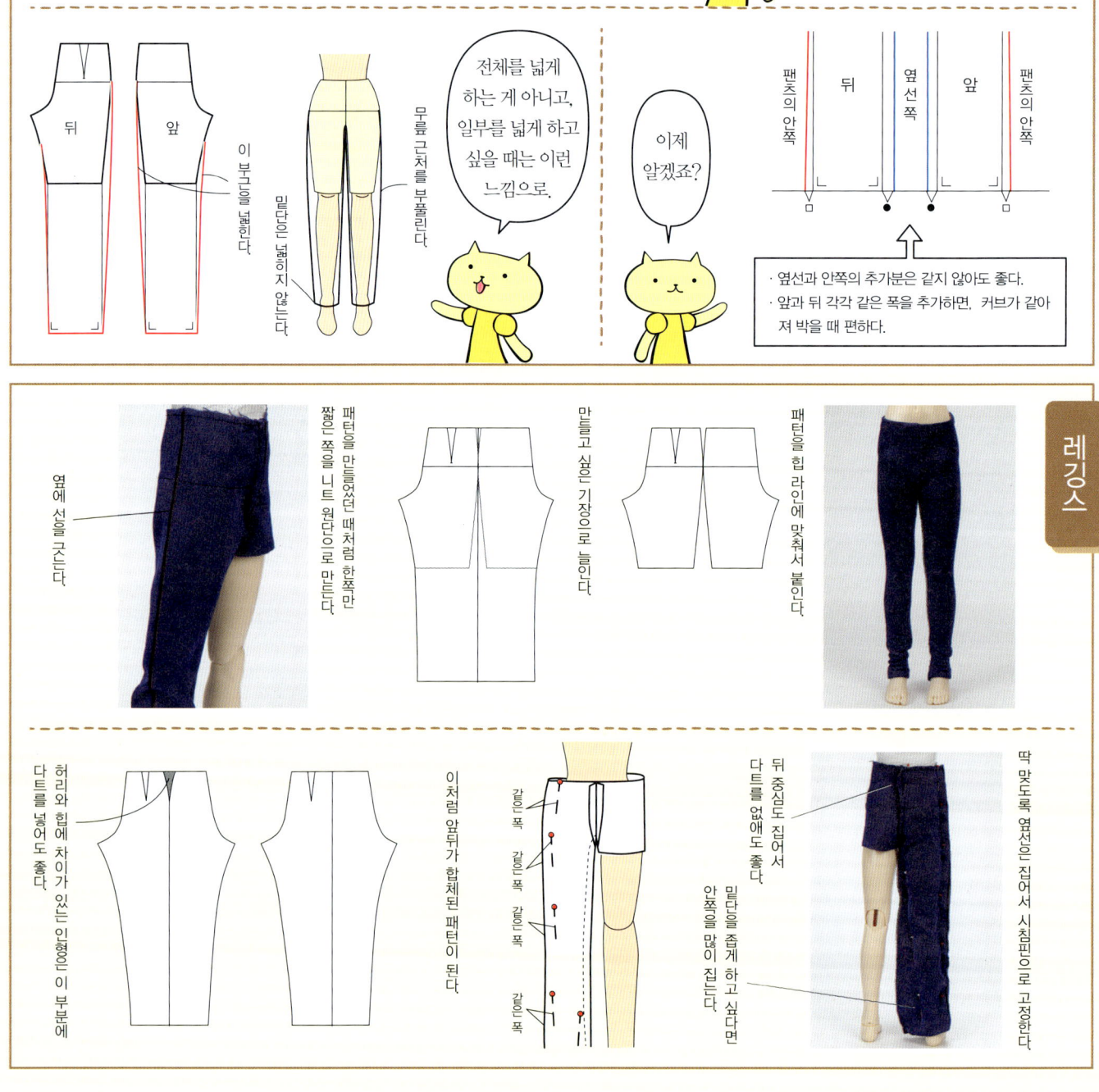

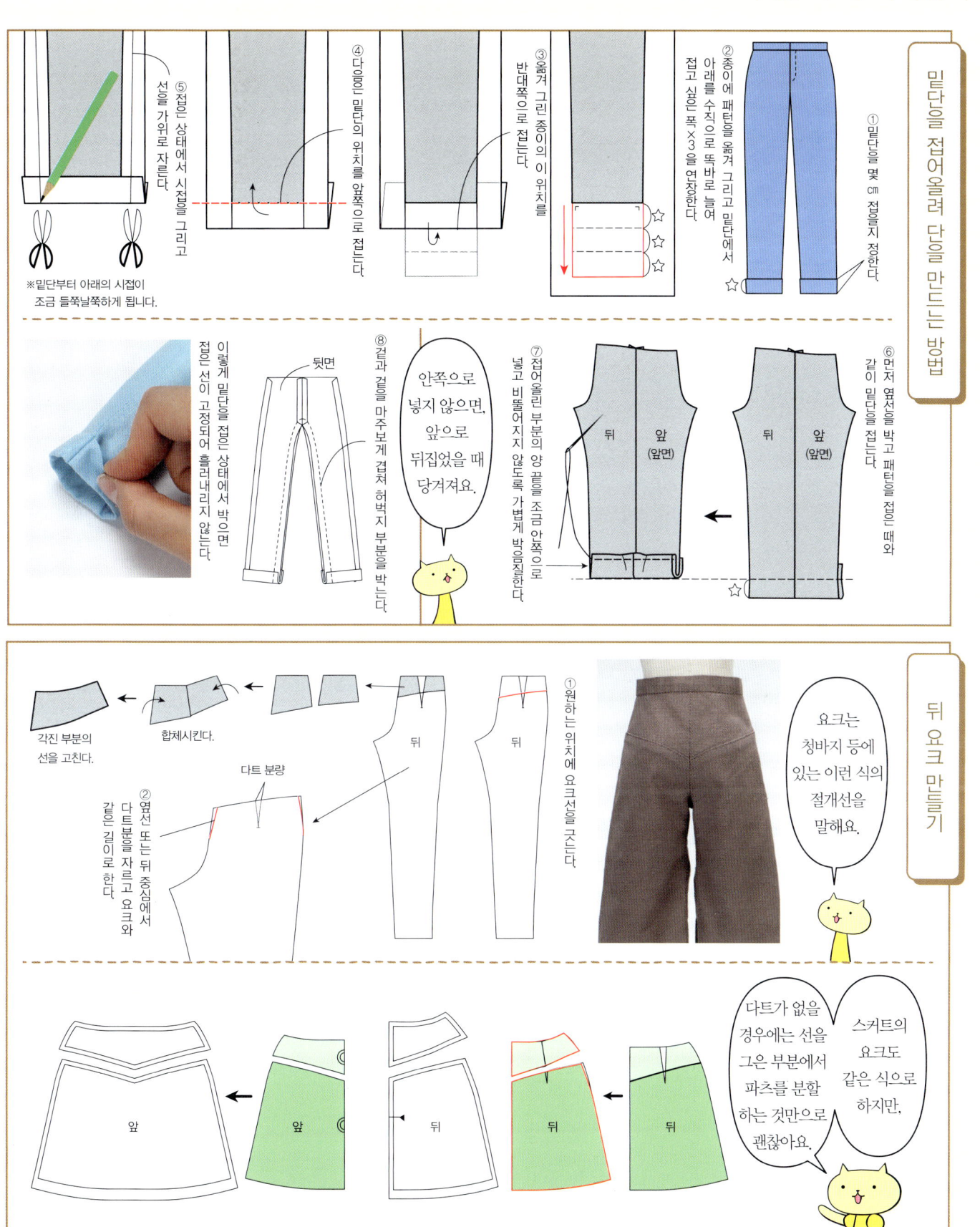

Chapter 7.

팬츠 패턴 잘라 펼치기
— PANTS Ⅲ —

팬츠의 패턴을
완성해가는 단계예요~

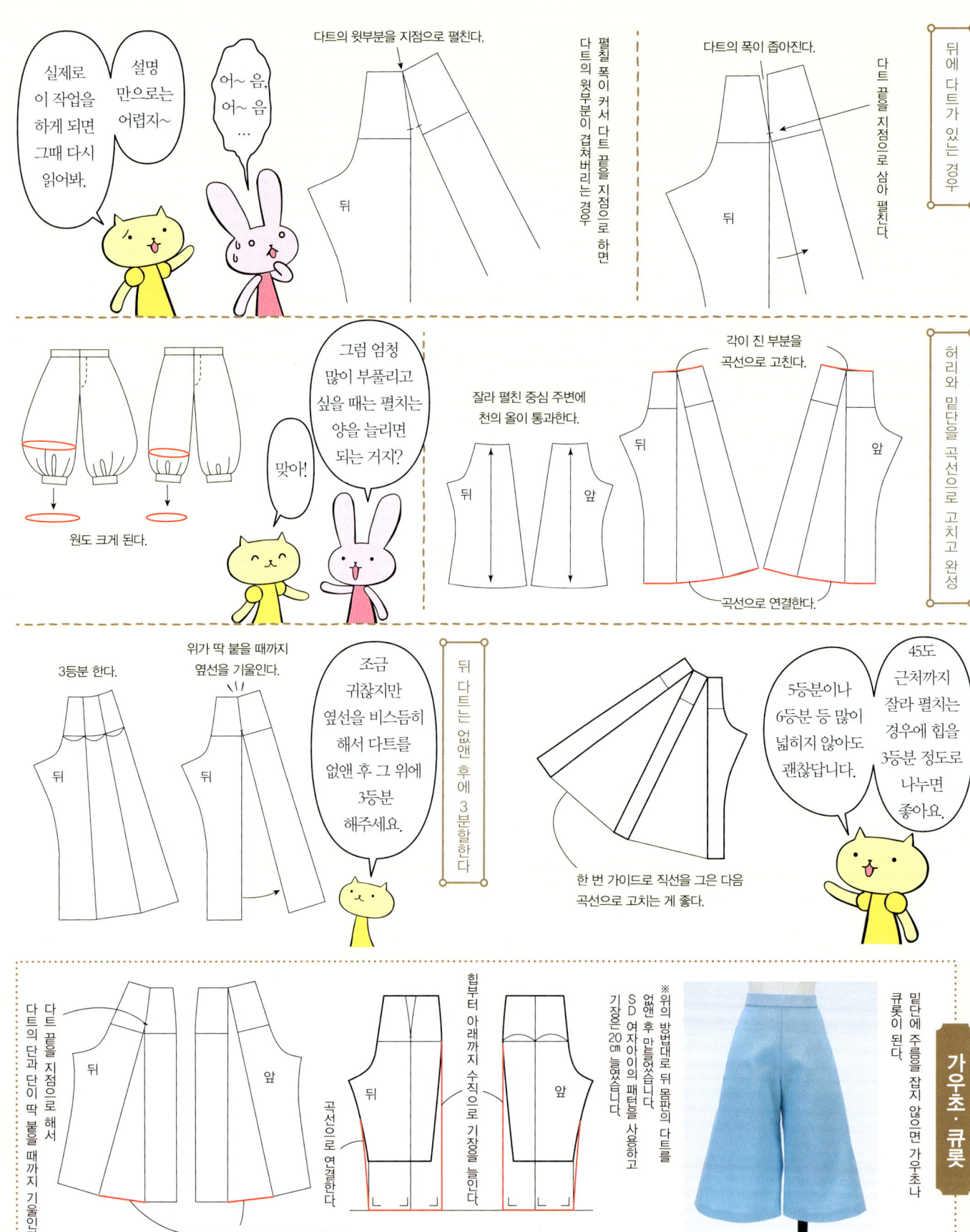

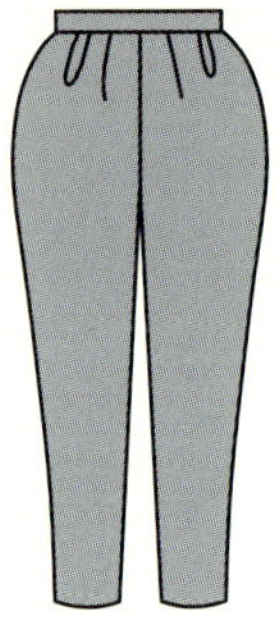

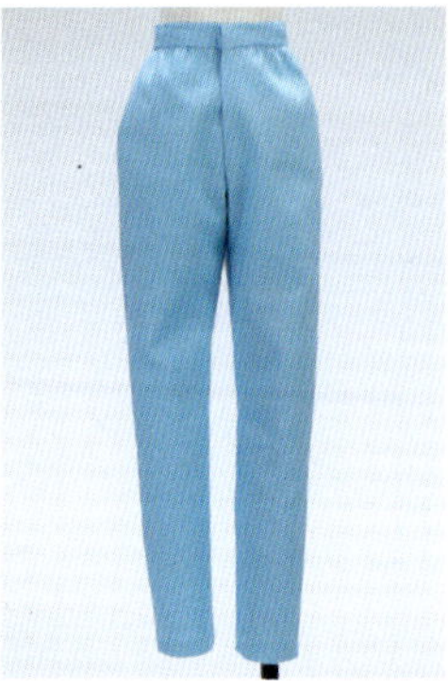

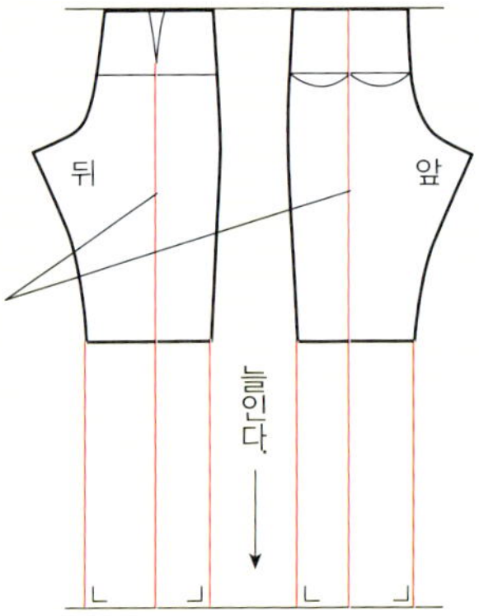

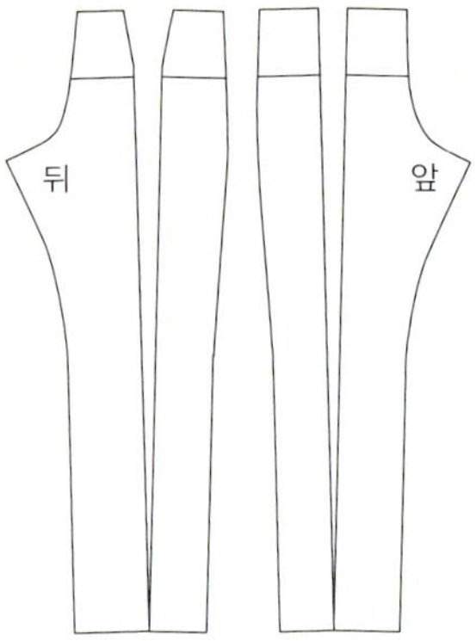

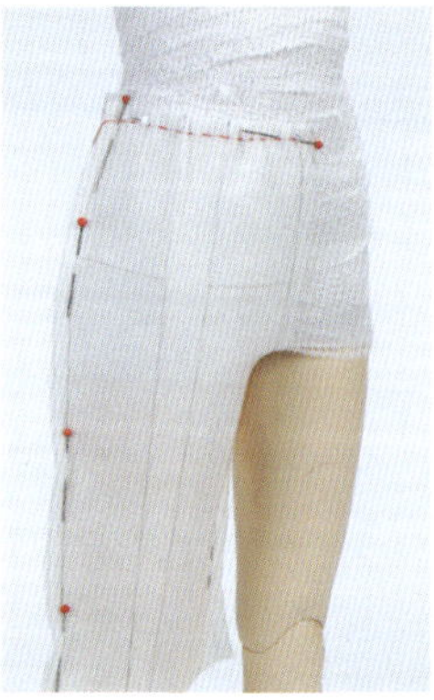

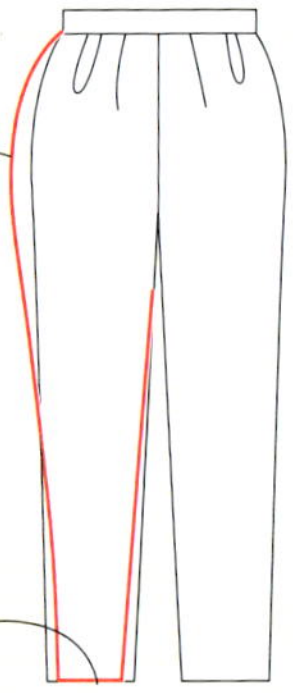

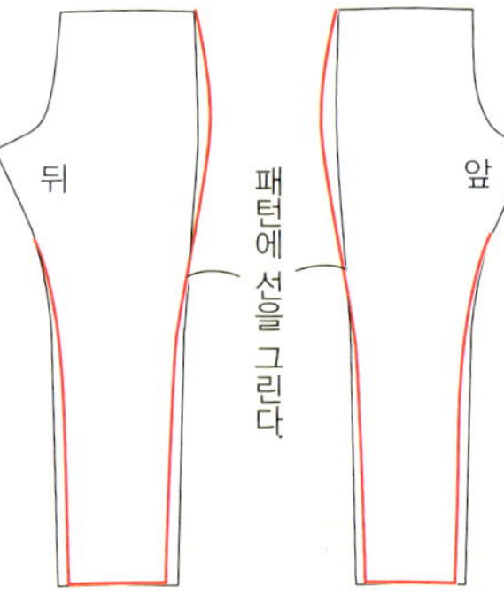

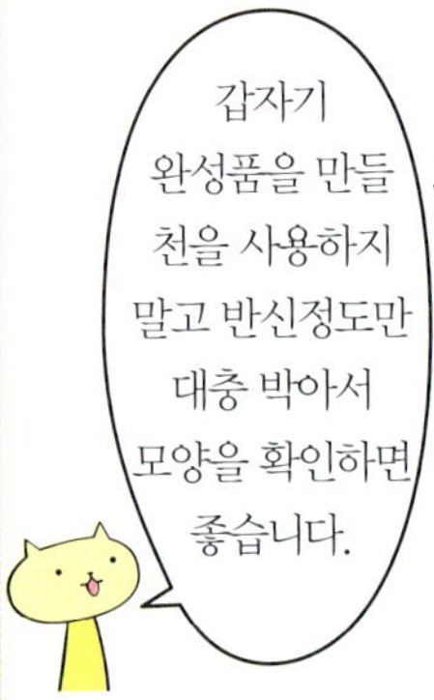

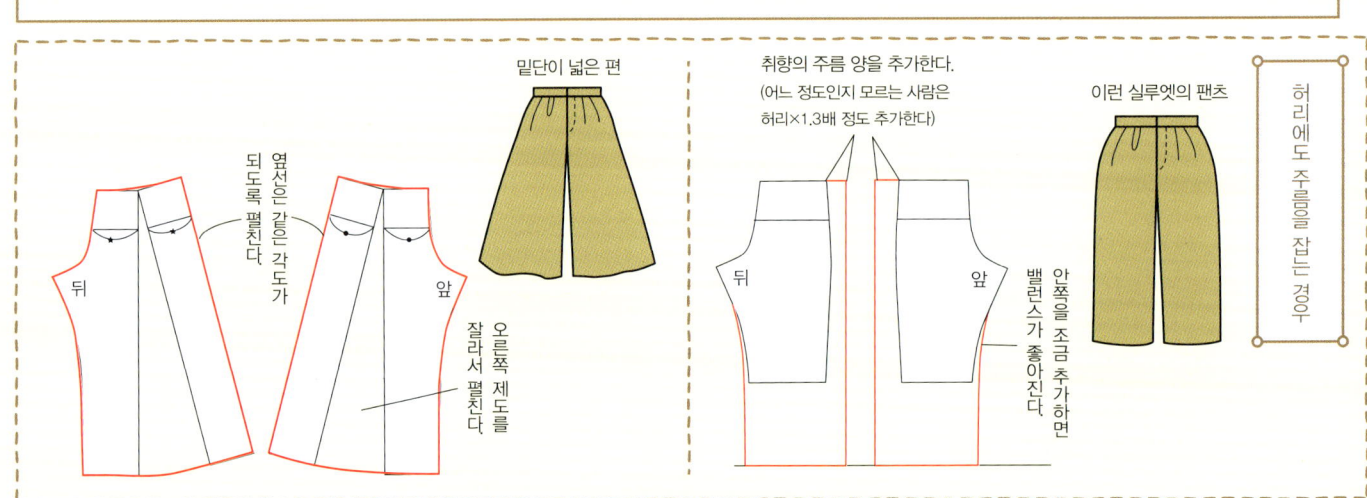

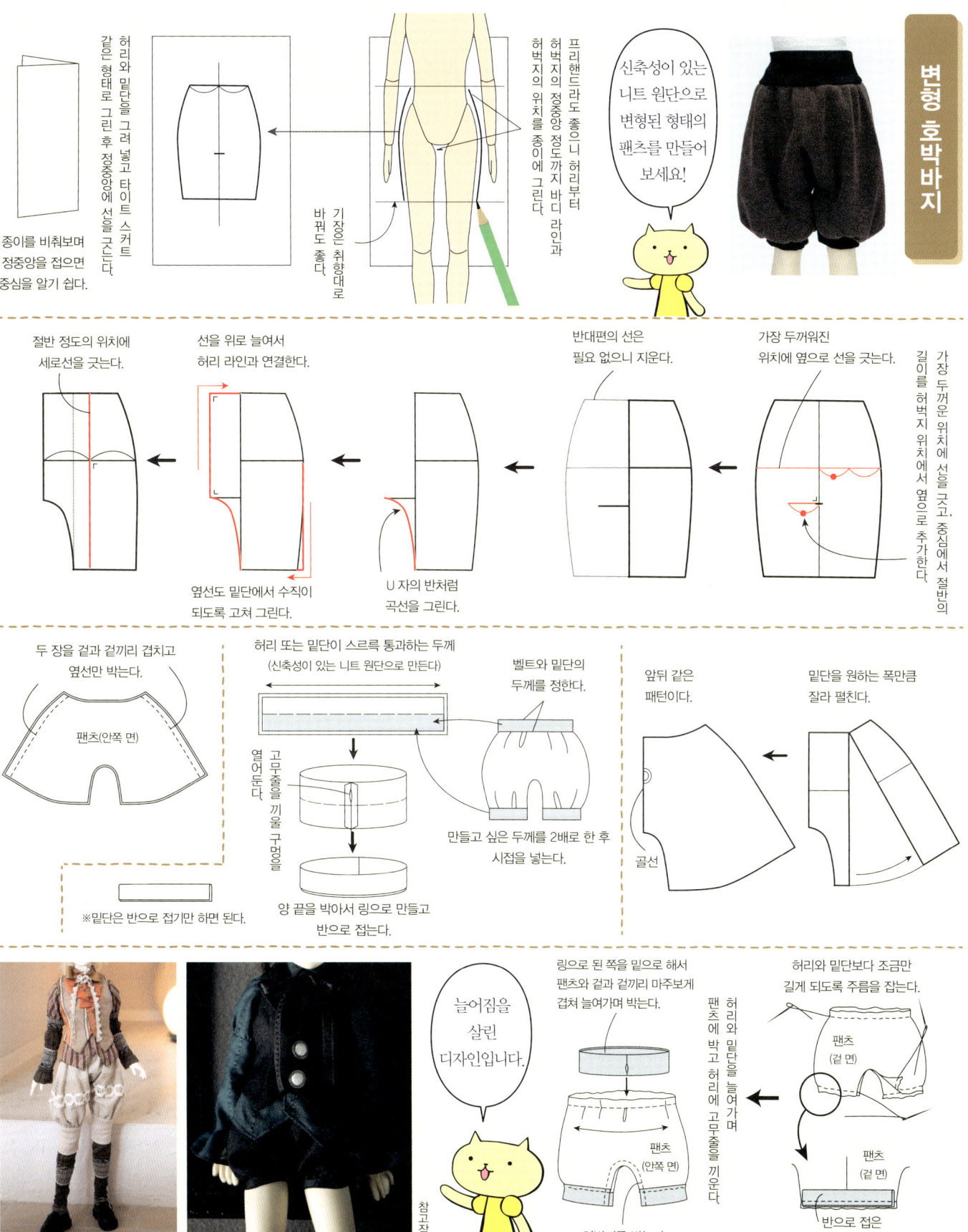

드로어즈

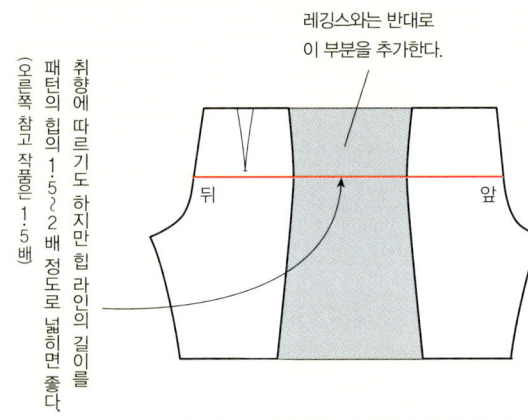

레깅스와는 반대로 이 부분을 추가한다.

취향에 따라 기도 하지만 힙 힙 라인의 길이를 패턴의 힙의 1.5~2배 정도로 넓히면 좋다. (오른쪽 참고 작품은 1.5배)

뒤 / 앞

패턴을 만드는 법은 패턴을 늘어놓고 주름 분량을 추가하면 돼!

외국 드라마 등에서 여자 아이가 드레스 안에 입고 있는 아이템이네!

이처럼 앞뒤의 높이에 차이를 주는 일이 많다.

허리에 주름을 잡기 때문에 뒤 다트가 없어진다.

뒤 / 앞 ← 뒤 / 앞

초보자 씨는 여기서 연습!

고무줄을 끼울 경우 허리와 밑단의 시접이 넓어진다.

초보자는 허리가 수평 상태에서 만들어봐도 O.K!

뒤를 조금 높게 하면 엉덩이가 잘 안보이게 됩니다.

「Dollybird 10」 패턴 수록 작품

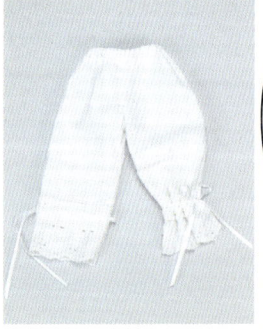
「Dollybird 10」 패턴 수록 작품

거기에 고무줄이나 리본을 끼워도 귀엽습니다.

밑단에 고무줄을 끼우는 대신에 사다리 레이스를 박아 붙여서

허리에 고무줄을 끼운다.

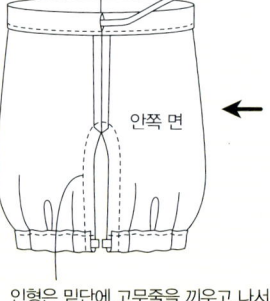

안쪽 면 ← 안쪽 면

인형은 밑단에 고무줄을 끼우고 나서 허벅지를 박는 경우가 많다.

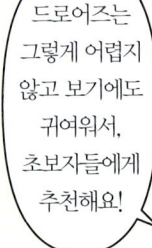

드로어즈는 그렇게 어렵지 않고 보기에도 귀여워서, 초보자들에게 추천해요!

잘라서 펼친 팬츠	드로어즈
	 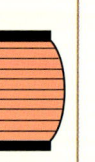
상하의 둥글함에 차이가 있다.	상하의 둥글함이 같다.
서양배 같은 실루엣	초롱불 같은 실루엣

음, 대강 이런 느낌 일까나?

그런데 드로어즈랑 잘라서 펼친 팬츠는 둘 다 주름이 있는데 뭐가 달라?

Chapter 8.

트임과 시접
── PANTS IV ──

팬츠의 완성도를 높일
트임과 시접에 대해
알려드려요!

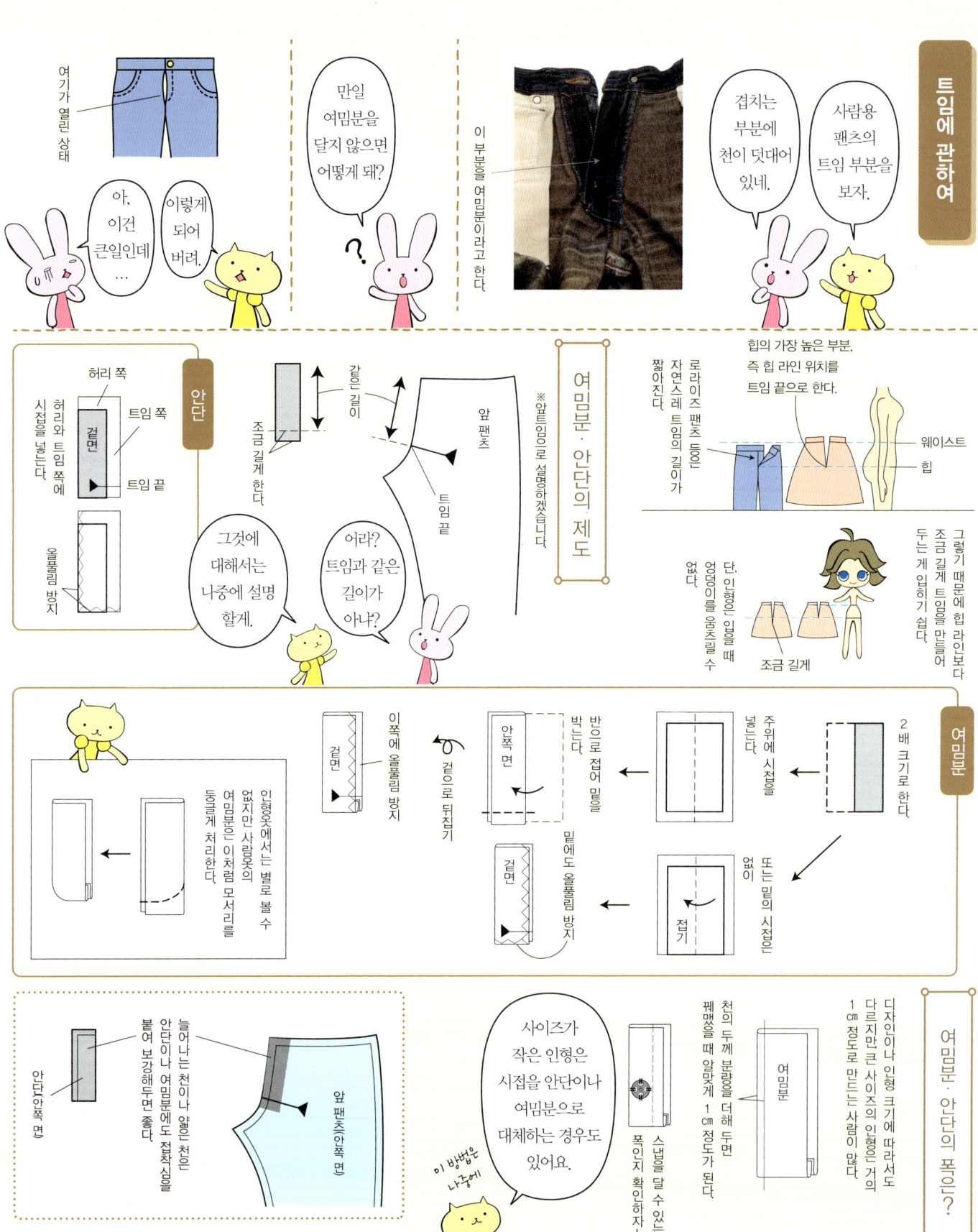

Chapter 8. 트임과 시접

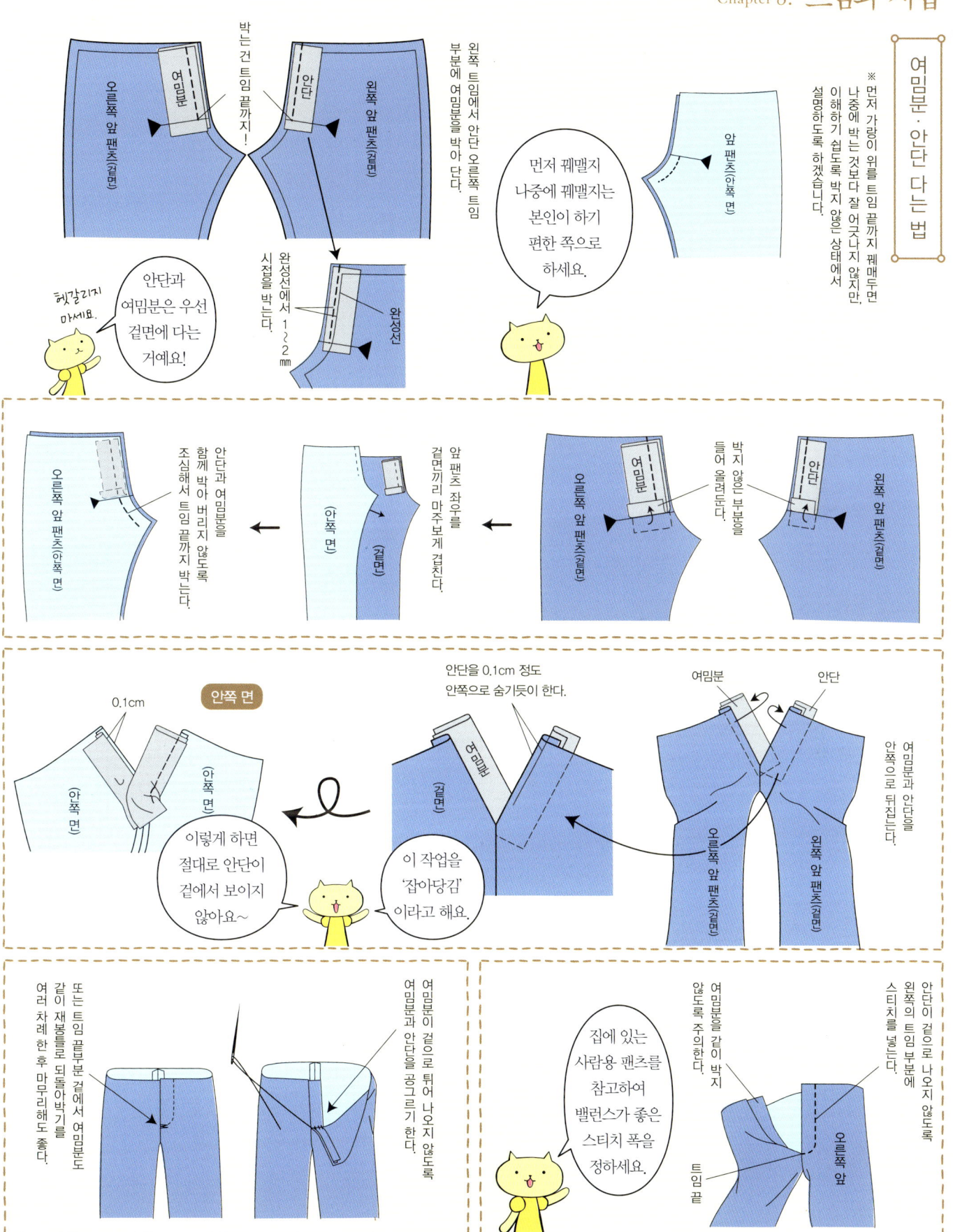

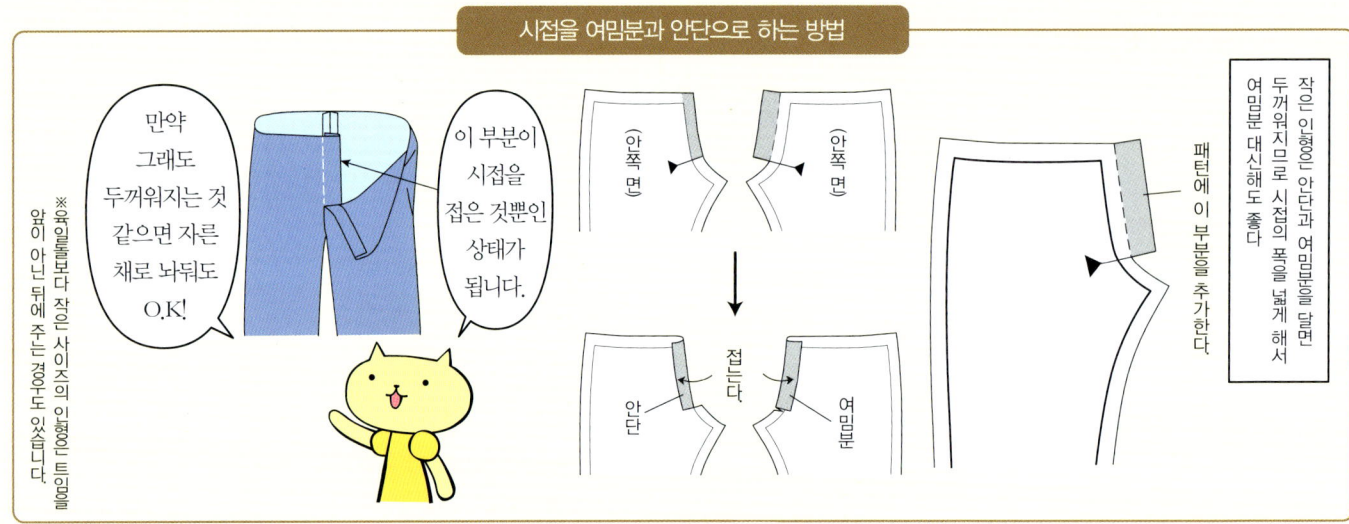

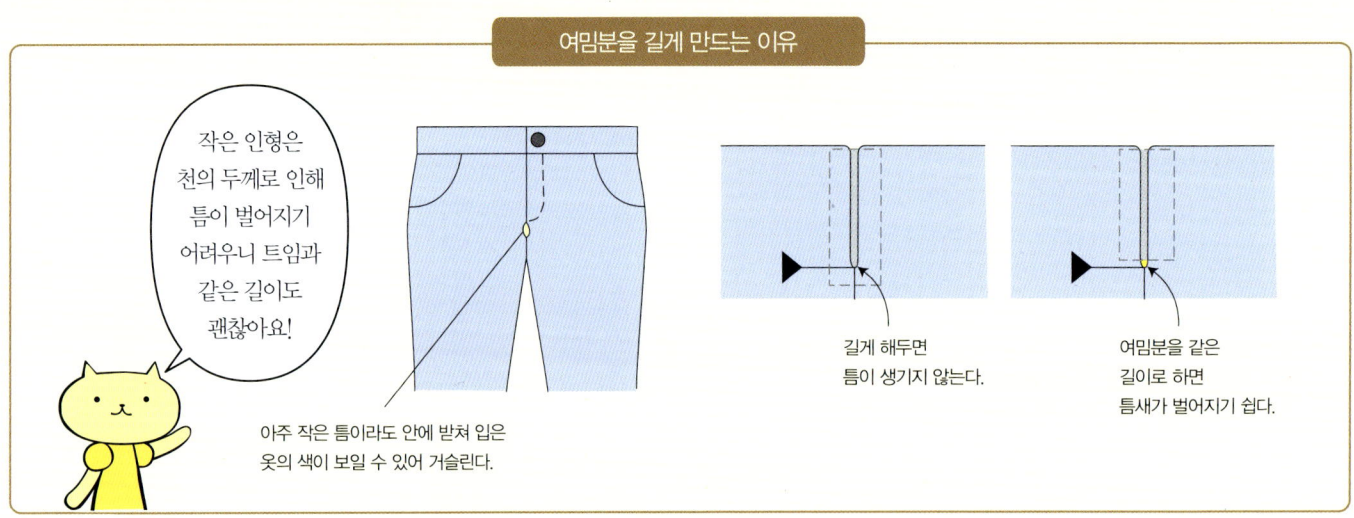

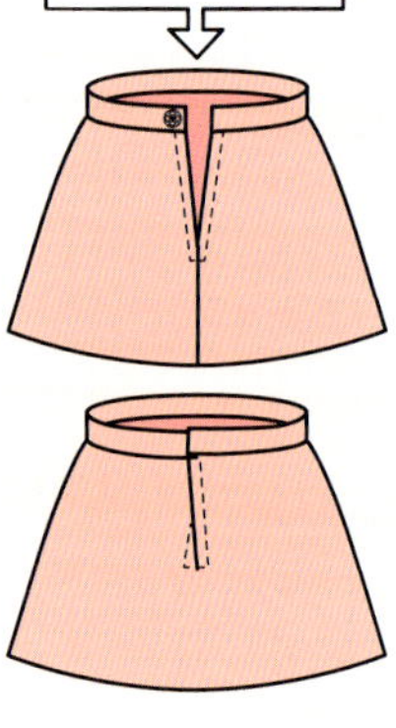

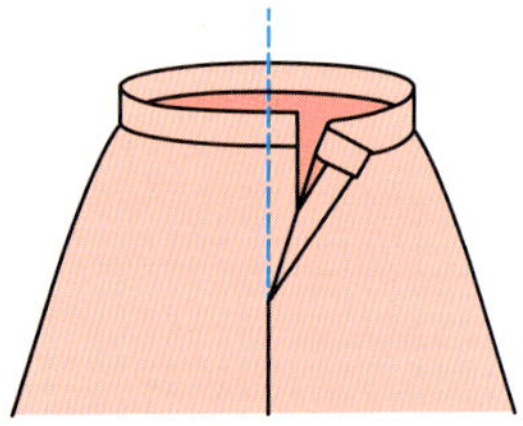

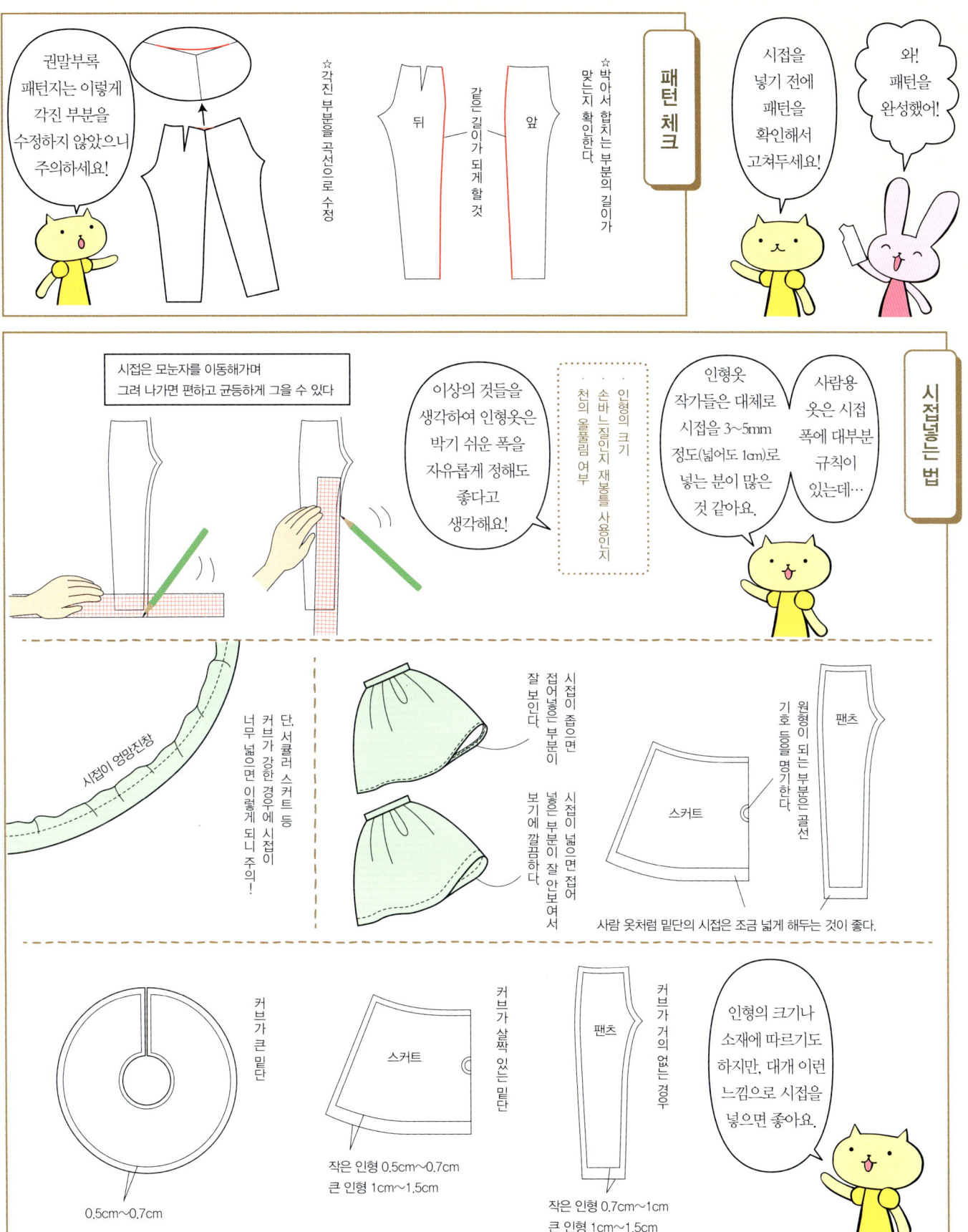

Chapter 9.

팬츠 패턴 30종
―PANTS PATTERNS―

여기서 소개하는 패턴만 알고 있어도 팬츠 전문가가 될 수 있을 정도~

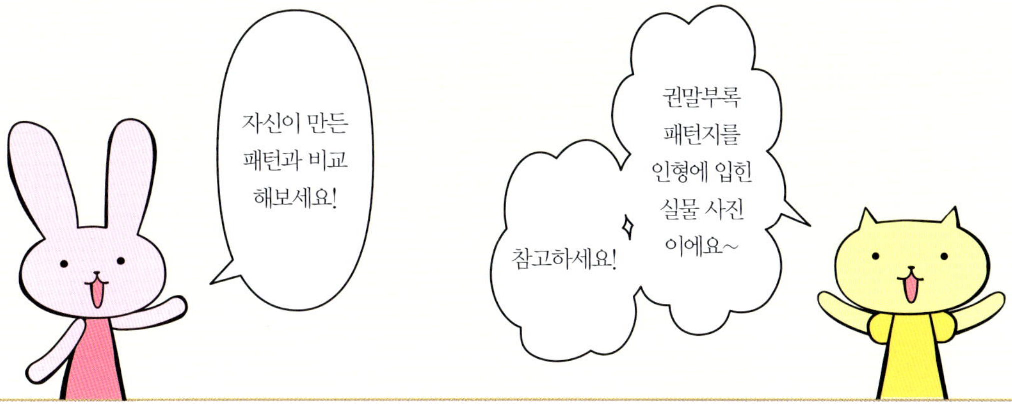

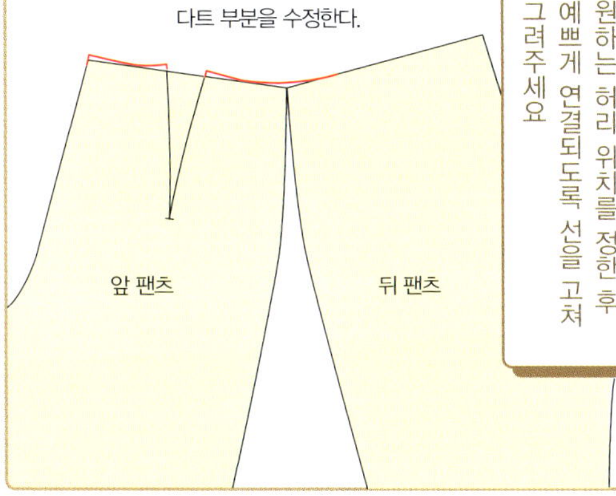

Chapter 7. 팬츠 패턴 30종

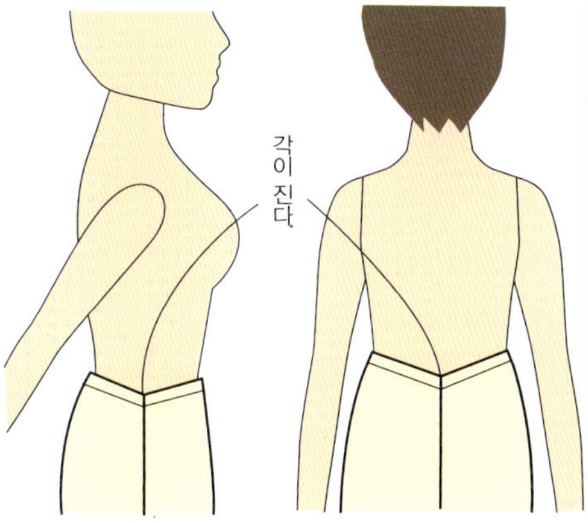

name: 슈퍼돌피® 17(SD17) 남자아이
maker: ㈜보크스

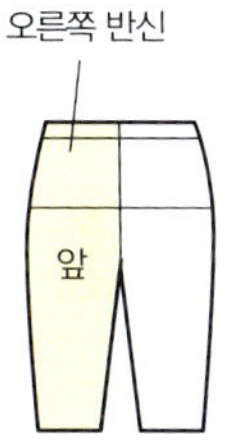

허리와 힙의 차이가 적기 때문에 뒤 다트가 없어요. 허벅지가 다른 남자 인형보다도 두꺼우니, 패턴이 빡빡할 경우엔 허벅지 근처에 사이드를 추가해주세요.

name: 인형(명칭 등)
maker: 제조사

바디의 특징과 팬츠 패턴 취급 방법의 팁 등을 해설하고 있어요.

name: 슈퍼돌피® 16(SD16) 여자아이
maker: ㈜보크스

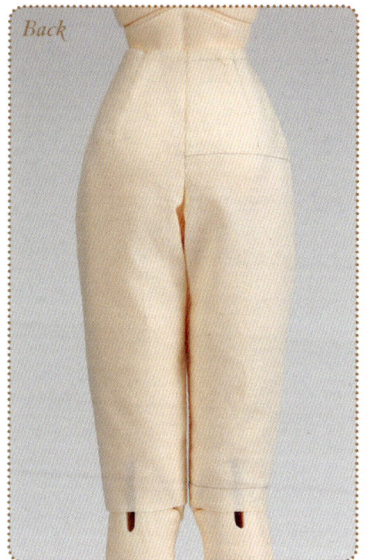
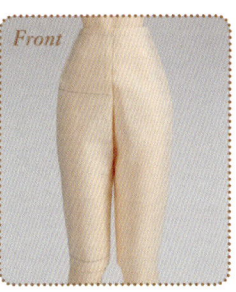
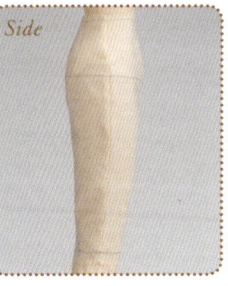

뒤 다트는 곡선 V자로 하면 깔끔한 힙 라인이! 배에서 허벅지까지의 라인 위, 다리의 근원에 움푹한 곳이 있어서 주름이 잡히기 쉬우니 탄력 있는 천을 사용하는 등으로 고민해보세요.

「제작조형 ⓒ 보크스·조형촌」 ⓒ 1998-2017 VOLKS INC. All rights are reserved.

name: 슈퍼돌피® 그래피티(SDGr) 남자아이
maker: ㈜보크스

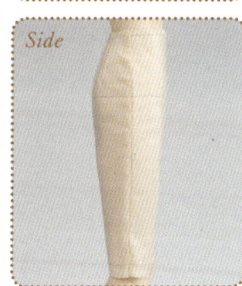

옆선과 뒤 중심을 집어도 여유 공간이 있어서 뒤 다트를 만들었어요. 허리 라인이 높게 되어 있으니 원하는 위치로 내려 조절하시기 바랍니다.

「제작조형 ⓒ 보크스·조형촌」 ⓒ 1998-2017 VOLKS INC. All rights are reserved.

name: 슈퍼돌피®(SD) 여자아이
maker: ㈜보크스

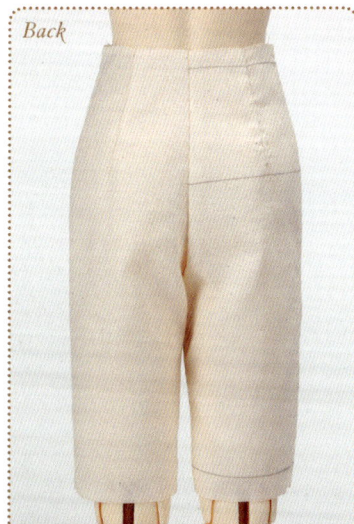

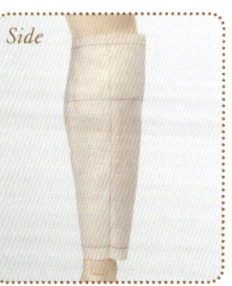

큰 여자아이 인형의 패턴을 뜰 때 연습으로 사용하기 쉬운 바디입니다. 옆선과 다트와 뒤 중심을 대강 같은 정도로 집어주면 좋아요.

「제작조형 ⓒ 보크스·조형촌」 ⓒ 1998-2017 VOLKS INC. All rights are reserved.

name: 슈퍼돌피® 그래피티(SDGr) 여자아이
maker: ㈜보크스

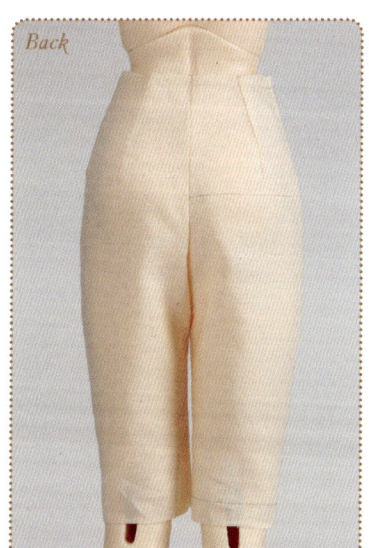

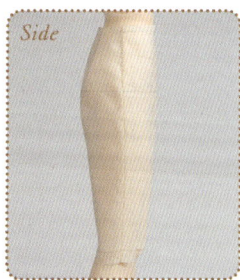

스탠다드 바디와 비교하면 허리는 가늘고 허벅지는 퍼져있는 바디. 뒤 다트는 직선 V자가 아니라 곡선 V자로 하면 깔끔하게 힙 라인에 맞아요.

「제작조형 ⓒ 보크스·조형촌」 ⓒ 1998-2017 VOLKS INC. All rights are reserved.

Chapter 7. 팬츠 패턴 30종

name: 미니 돌피 드림®(MDD)
maker: ㈜보크스

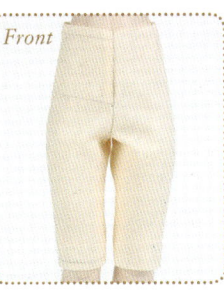
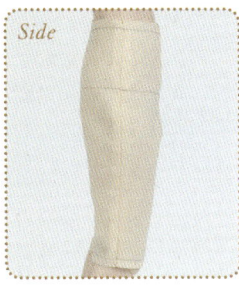

앞뒤 다리가 붙은 부분에 조금 틈이 있어서 얇은 천은 이 부분이 움푹 들어가 주름이 잡히기 쉬우니 주의해야 해요. 탄력 있는 천을 사용하는 등 주름 잡히지 않게 하는 게 좋아요.

「제작조형 ⓒ 보크스·조형촌」 ⓒ 2003-2017 VOLKS INC, All rights are reserved.

name: 돌피 드림®(DD)
maker: ㈜보크스

허리와 힙의 차이가 있는 바디라 뒤에 다트가 있어요. 허벅지는 퍼져있어서 입힐 때 걸리기 쉬우니 트임을 길게 하든지, 허리를 조금 여유롭게 하는 것이 좋아요.

「제작조형 ⓒ 보크스·조형촌」 ⓒ 2003-2017 VOLKS INC, All rights are reserved.

name: 요 슈퍼돌피®(어린 SD) 여자아이/ 남자아이
maker: ㈜보크스

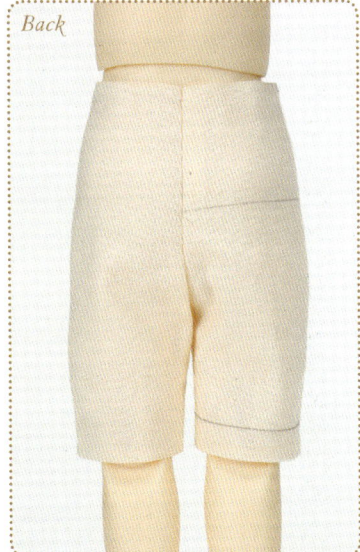

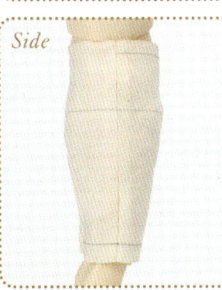

다리가 붙은 뒷부분에 조금 틈이 있어서 이 부분에 다소 주름이 잡히기 쉬워요. 탄력 있는 천을 사용하는 식으로 주름이 잡히지 않게 하는 게 좋아요.

「제작조형 ⓒ 보크스·조형촌」 ⓒ 1998-2017 VOLKS INC, All rights are reserved.

name: 슈퍼돌피® 미디(SDM) 여자아이
maker: ㈜보크스

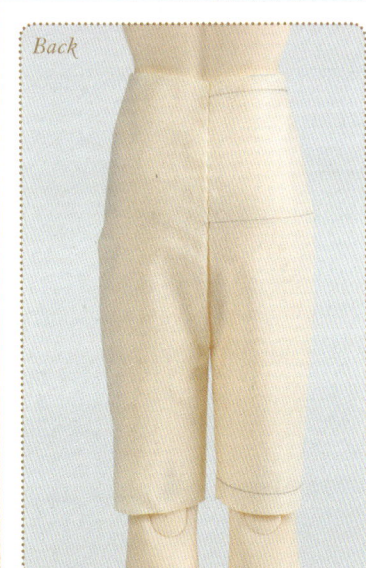
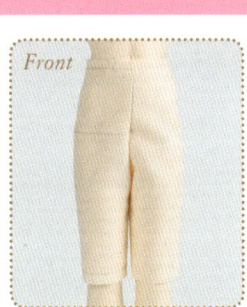
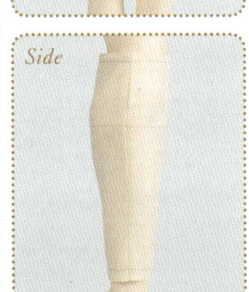

허리의 분할이 움직여서 작업하기 어려운 경우엔 넓은 마스킹 테이프를 감아서 고정해두면 좋아요. 옆선과 뒤 중심을 집어서 바디 라인에 맞출 수 있다면 뒤 다트를 만들지 않아도 됩니다.

「제작조형 ⓒ 보크스·조형촌」 ⓒ 1998-2017 VOLKS INC, All rights are reserved.

name: 유노아 크루스 형
maker: 연금술공방

Back

Front

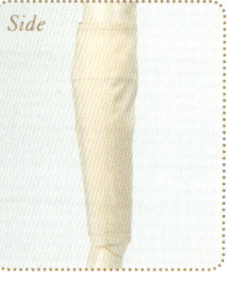
Side

허벅지 둘레 U자의 커브가 앞과 뒤가 꽤나 다르니 주의해야 해요. 패턴은 배꼽 위 하이웨이스트이니 아름다운 복근 라인을 보이고 싶은 분은 허리의 위치를 낮게 잡으면 좋아요.

ⓒGENTARO ARAKI ⓒRenkinjyutsu-Koubou,Inc. All rights are reserved.

name: 유노아 크루스 언니
maker: 연금술공방

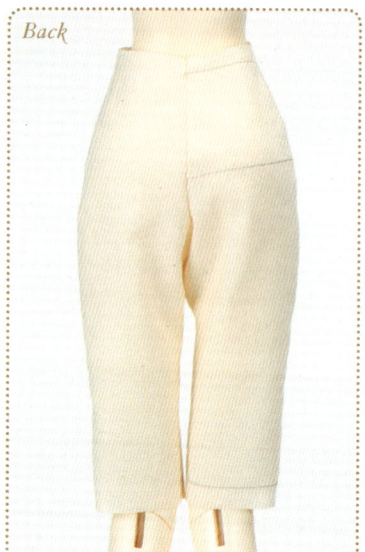
Back

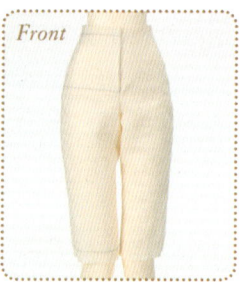
Front

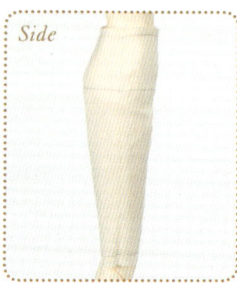
Side

힙과 허리의 차이가 꽤 나지만, 뒤 중심과 옆선을 조금 많이 집으면 아슬아슬하게 넣지 않아도 괜찮은 패턴으로 되어 있습니다.

ⓒGENTARO ARAKI ⓒRenkinjyutsu-Koubou,Inc. All rights are reserved.

name: 유노아 크루스 소년
maker: 연금술공방

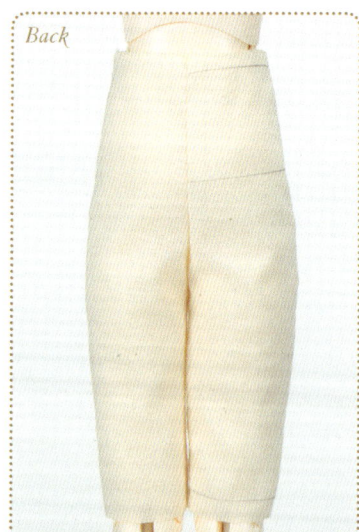
Back

Front

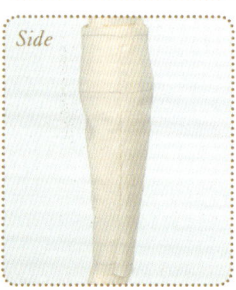
Side

패턴은 부속품 없이 제작했어요. 허벅지 둘레가 깔끔한 U자가 되지 않으니 다소 커브의 미세한 조정이 필요합니다.

ⓒGENTARO ARAKI ⓒRenkinjyutsu-Koubou,Inc. All rights are reserved.

name: 유노아 크루스 소녀
maker: 연금술공방

Back

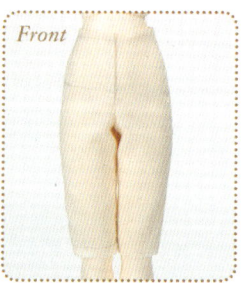
Front

Side

힙과 허리의 차이가 있으니 아름다운 힙 라인이 되도록 뒤에 다트를 만들었습니다. 하이웨이스트로 만들 때에는 허벅지에 걸리지 않도록 트임이나 허리폭으로 조절하세요.

ⓒGENTARO ARAKI ⓒRenkinjyutsu-Koubou,Inc. All rights are reserved.

Chapter 7. 팬츠 패턴 30종

name : 유노아 크루스 꼬마
maker : 연금술공방

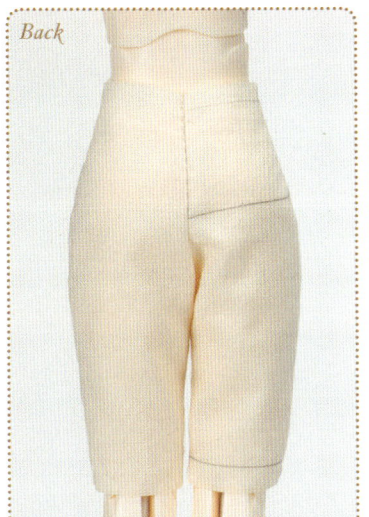
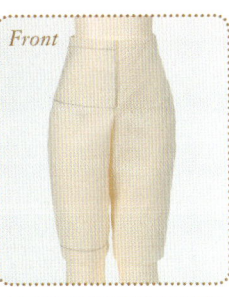
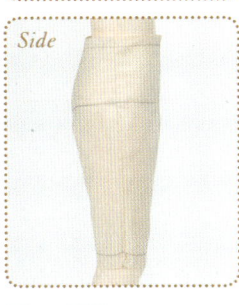

뒤 중심과 옆선을 어떻게 집느냐에 따라 뒤에 다트를 넣지 않아도 예쁜 라인이 됩니다. 하이웨이스트로 할 때는 허벅지에 걸리지 않도록 트임이나 허리폭으로 조절해주세요.

ⓒGENTARO ARAKI ⓒRenkinjyutsu-Koubou,Inc. All rights are reserved.

name : 유노아 크루스 제로
maker : 호비 재팬

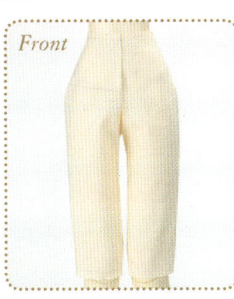
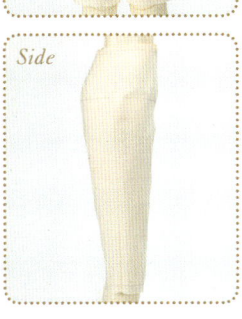

허리와 힙에 차이가 있는 바디라서 뒤 다트가 있어요. 허벅지가 퍼져 있으니 하이웨이스트 팬츠를 만들 때에는 허벅지에서 걸리지 않도록 트임이나 허리의 폭을 크게 해주세요.

ⓒGENTARO ARAKI ⓒRenkinjyutsu-Koubou,Inc. All rights are reserved.

name : 오비츠55
maker : 오비츠

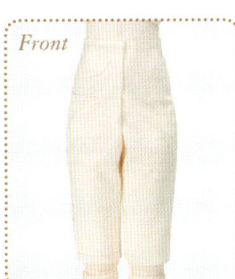

허리의 잘록함이 별로 없는 바디이지만 힙이 조금 크니 옆선과 뒤 중심을 조금 많이 집어서 바디 라인에 맞추면 좋아요.

ⓒOBITSU

name : 오비츠 48/50
maker : 오비츠

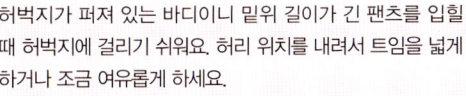

허벅지가 퍼져 있는 바디이니 밑위 길이가 긴 팬츠를 입힐 때 허벅지에 걸리기 쉬워요. 허리 위치를 내려서 트임을 넓게 하거나 조금 여유롭게 하세요.

ⓒOBITSU

name: 퓨어니모 플렉션 S 여자아이
maker: 아존 인터내셔널

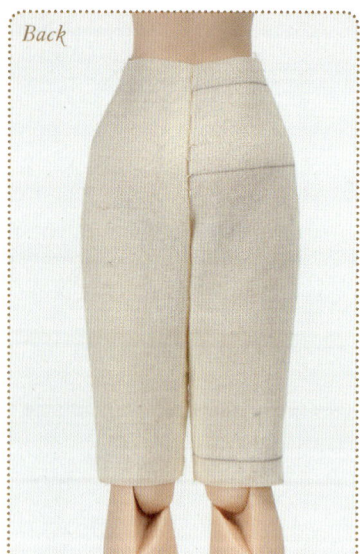

엉덩이가 커서 뒤에 다트를 넣을지 말지 고민되는 바디. 작은 인형은 다트를 넣으면 두께감이 늘기 때문에 이 원형에서는 옆선과 뒤 중심을 집어서 다트 없이 했어요.

©AZONE INTERNATIONAL 2017

name: 모모코
maker: 세키구치/펫웍스

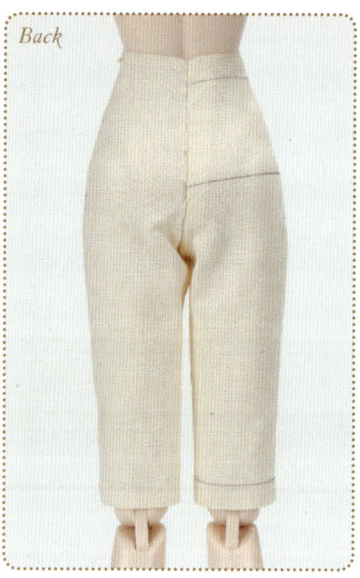
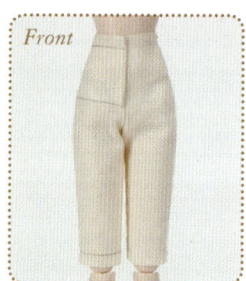
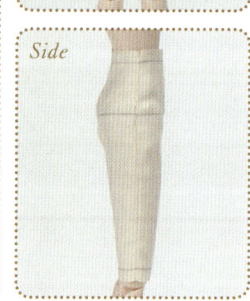

허리와 힙에 차이가 있지만 뒤 중심과 옆선의 집는 양을 조금 많이 하면 뒤 다트를 만들지 않아도 예쁜 힙 라인이 돼요.

momoko™©PetWORKs Co.,Ltd Produced by Sekiguchi Co.,Ltd www.momokodoll.com

name: 키키팝!
maker: 아존 인터내셔널

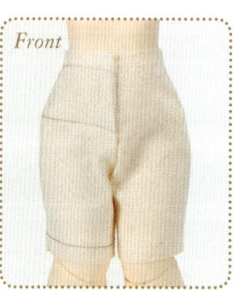

엉덩이가 큰, 서양배 같은 체형입니다. 중심과 옆선을 꽤나 많이 집고 있기 때문에 원형에선 허리와 힙 라인이 상당히 V자예요. 패턴을 만들 때는 곡선으로 고쳐주세요.

©KINOKO JUICE/AZONE INTERNATIONAL 2017

name: 퓨어니모 플렉션 XS 여자아이
maker: 아존 인터내셔널

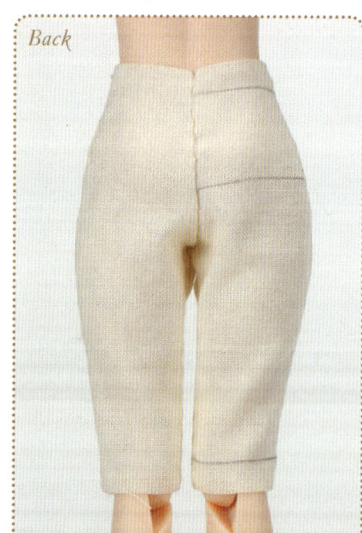

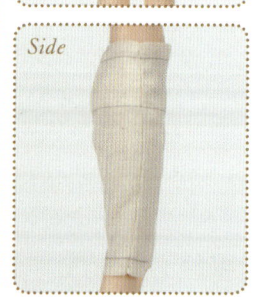

허리가 휘어 있어서, 옆에서 보면 허벅지 둘레가 똑바른 U자가 아니고 조금 기울어져 있답니다. 그 때문에 앞다리 부분 주변에 주름이 잡히기 쉬우니, 탄력 있는 소재 등으로 보완하세요.

©AZONE INTERNATIONAL 2017

Chapter 7. 팬츠 패턴 30종

name: 제니
maker: 다카라토미

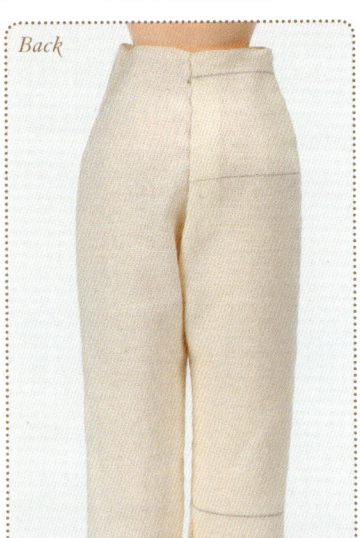

허벅지 둘레가 거의 U자로, 힙도 그다지 나와 있지 않아서 육일돌 팬츠 패턴의 연습으로 권장하는 바디입니다. 리카짱보다도 조금 크니 다소 작업하기 쉬울지도 모르겠네요.

©TOMY

name: 리카짱
maker: 다카라토미

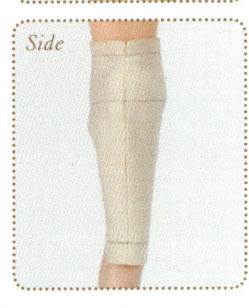

허벅지 둘레가 거의 U자로, 힙도 그다지 나와 있지 않아서 만들기 쉬워요. 육일돌 팬츠 패턴을 만들고 싶은 분은 연습 삼아 먼저 만들어 보면 좋은 바디입니다.

©TOMY

name: 미디 브라이스
maker: 다카라토미

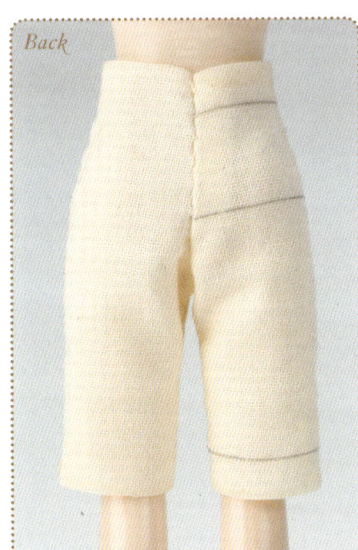
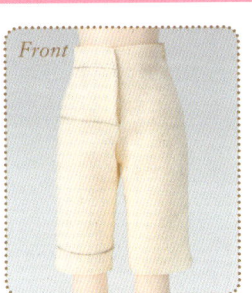
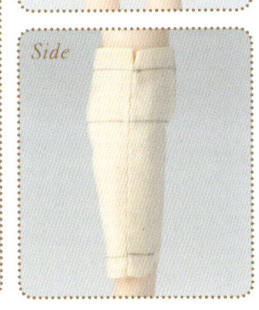

작아서 작업이 조금 힘들 수 있지만 네오 브라이스와 같이 허벅지 둘레가 거의 U자로, 힙도 그다지 나와 있지 않아서 만들기 쉬운 바디입니다.

BLYTHE is a trademark of Hasbro. ©2017 Hasbro,All rights are reserved.

name: 네오 브라이스
maker: 다카라토미

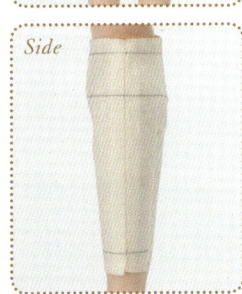

허벅지 둘레가 거의 U자로, 힙도 그다지 나와 있지 않아서 만들기 쉬워요. 바디가 잘 미끄러지지 않는 소재라 늘어나지 않는 원단을 사용할 때는 트임에 조금 여유를 주는 게 좋아요.

BLYTHE is a trademark of Hasbro. ©2017 Hasbro,All rights are reserved.

| name: 푸리프 | name: 타이니 벳시 맥콜 |
| maker: 그루브 | maker: 토너 |

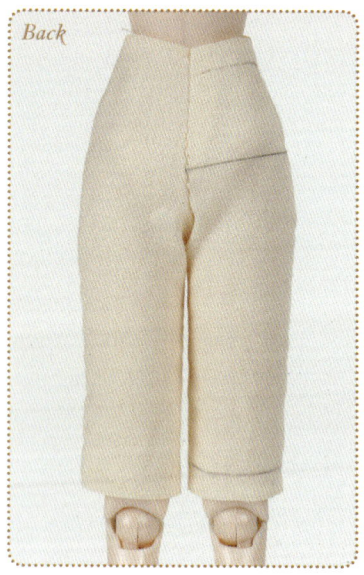

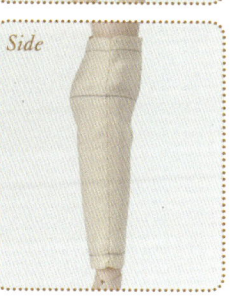

허리와 힙에 차이가 있지만 뒤 중심과 옆선의 집는 양을 조금 많이 하면 뒤 다트를 만들지 않아도 예쁜 힙 라인을 만들 수 있습니다.

허벅지 둘레가 U자보다 반원에 가깝고, 좌우 다리가 완전히 떨어져 있어서 만들기 쉬워요. 허벅지보다 정강이가 가늘어서 딱 맞게 만들어도 무릎이 느슨해 보입니다. 발목이 구부러지지 않으니 주의하세요.

©Cheonsang cheonha, All rights are reserved.
"Betsy McCall" is a registered trademark licensed for use by Meredith Corporation

| name: 완다 프로그 | name: 퓨어니모S | name: 오비츠11 |
| maker: 스튜디오 우 | maker: 아존 인터내셔널 | maker: 연금술공방 |

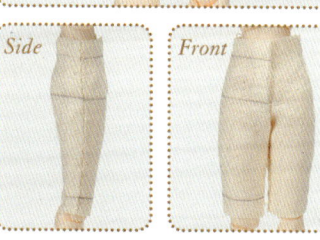
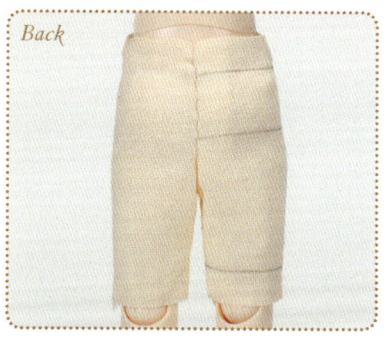
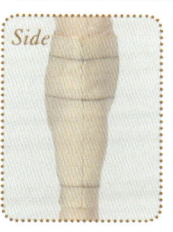

허벅지 둘레가 U자로, 힙과 허리의 차이가 없이 좌우 다리가 완전히 떨어져 있어요. 패턴을 가늘게 만들면 입히기 어려워지니 주의하세요.

작고 가는 바디이니 요주의. 처음에는 조금 굵게 만들어두고 천 두께에 따라 옆선을 집어 굵기를 미세하게 조절하세요.

엄청 작은 바디로 시접의 폭이나 천의 두께에 따라 팬츠의 굵기가 미묘하게 변합니다. 입힌 다음 옆선을 죄는 게 좋아요.

©STUDIO-UOO Wonder frog® www.studio-uoo.com ©AZONE INTERNATIONAL 2017 ©OBITSU

사용 허가 범위에 대해

패턴의 수록에 대해 정말 많은 인형 회사들의 후원을 받았습니다.

고마워요!

○○사 — 쓰세요~
◇△사 — 상관없어요!
△□사 — 패턴을 게재해도 좋아요!

인형 회사들에 폐가 되지 않도록 저작권법과 상식선에서의 이용을 부탁 드려요.

가능한 것

이 책에 게재된 패턴부터 자작인 오리지널 디자인의 옷이나 패턴북 처음부터 전부 내가 만들었어! 패턴이라면 보고 자신이 처음부터 만든 패턴이라면 자유롭게 사용 가능합니다.

☆ 자작 패턴으로 만든 오리지널 디자인의 옷을 잡지 등에 투고, 콘테스트 등에 응모한다.

☆ 완성한 옷이나 제작 후기를 웹에 게재 — 패턴 교과서를 참고로 만들었어요!

☆ 권말부록의 패턴을 이용해서 롬퍼를 만들었어!

☆ 패턴을 이용해서 만든 옷을 본인의 블로그나 SNS에 올린다.

※ 어느 쪽이라도 자신이 촬영한 것이라면 O.K.

원래의 패턴을 알 수 없을 정도로 바꿨으면 자유롭게 사용하셔도 상관없습니다.

잘라 펼친다. → 기장을 늘인다. → 패턴 → 흔적도 없다!

단, 이런 경우에는 주의!

■ 판권물
상업적인 이용은 판권처의 허가가 필요합니다. 아이들의 의상 등으로 판매하는 것도 불가합니다. ※ 게재는 그레이존

■ 일부 인형
자작의 패턴이라도 옷이나 패턴의 판매를 금지하고 있는 회사도 있습니다.

각자 확인해 주세요.

불가능한 것

☆ 이 책에 그려진 내용의 전재 — 옷을 만드는 것은 어느 정도 행위가 닮아 있기에 판단이 어렵지만, 명확하게 베꼈다고 할 만한 일은 피해주시기 바랍니다.

누가 봐? 어머? 이 책의 부록에 수록된 패턴과 완전 똑같은데... 이거 이 책의 부록과 완전 판박이야...

☆ 패턴의 무료 배포 — (예) 권말부록 패턴지를 그대로 또는 일부 바꾼 것뿐인 패턴지를 배포하거나 상업적으로 이용 사용한 것

☆ 옷의 판매 — ○○사이즈 인형 팬츠 패턴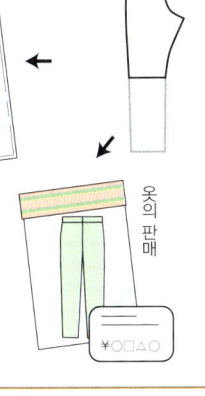

※ 패턴의 확대·축소도 포함됩니다. 패턴 배포는 무료라도 ×

◇ 당신은 언제나 옳습니다. 그대의 삶을 응원합니다.　　― 라의눈 출판그룹

처음 시작하는
인형옷 패턴 교과서 2

초판 1쇄 2017년 11월 1일
　4쇄 2024년 7월 29일

지은이 아라키 사와코　옮긴이 고현정
펴낸이 설응도　편집주간 안은주
영업책임 민경업　디자인 기민주

펴낸곳 라의눈

출판등록 2014년 1월 13일(제2019-000228호)
주소 서울시 강남구 테헤란로78길 14-12(대치동) 동영빌딩 4층
전화 02-466-1283　팩스 02-466-1301

문의(e-mail)
편집 editor@eyeofra.co.kr
마케팅 marketing@eyeofra.co.kr
경영지원 management@eyeofra.co.kr

ISBN : 979-11-86039-98-4 13630

이 책의 저작권은 저자와 출판사에 있습니다.
서면에 의한 저자와 출판사의 허락 없이 책의 전부 또는 일부 내용을 사용할 수 없습니다.

* 잘못 만들어진 책은 구입처에서 교환해드립니다.
* 책값은 뒤표지에 있습니다. 잘못 만들어진 책은 구입처에서 교환해드립니다.